小杉礼子

フリーターという生き方

Freeter

keiso shobo

はじめに

フリーターの働きかたと意識について、わかる限りの実態を伝えたい。本書の意図はそれに尽きる。

フリーターという言葉から思う若者像は、人によりずいぶん違う。その若者像は「無責任、いいかげん」というネガティブなものもあれば、「やりたいことをやろうとしている」というポジティブなものもある。友人や親戚やその子どもや、どこかにフリーターの知り合いがいる人は実に多い。それぞれ身近な若者の状況を、心配したり、感心したり、複雑な気持ちで見ている大人がたくさんいる。それだけ、話題になるけれど話がすれ違う。

多様な若者の姿が「フリーター」という言葉の中に入り混じっている。その実態を統計や調査の結果を使って明らかにし、まず、多様さの内容をわかりあえるようにしたいと思う。そして、こうした客観的につかまえられる事実から、フリーターがなぜ増えているのか、はたして問題なのか、大人たちはどうしたらいいのかを議論したい。

最近になって、若者と働くことをめぐる議論が急激に広がっている。「いまどきの若者は」というのは、昔から繰り返されてきた大人の心配だが、今の議論はすこし違う。企業社会の問題が、若者の厳しい現状を生んでいるという視点である。本書の議論でも、社会の側の変化をしっかり見ていきたいが、学校と社会をつなぐ接点が特に問題だと思っている。また、そこを解きほぐすために、私の所属している日本労働研究機構では独自の実態調査をいくつも行なってきた。ここからせまることのできるリアリティが本書の武器である。

まず事実をできる限り正しくつかむこと、それをわかりやすく整理していくことで、問題の本質が見え、対応すべき問題が明らかになる。調査分析をずっと仕事としてきた私には、その方法しかない。調査結果を多く引くと、うるさく思われる方もいらっしゃるだろう。できる限り差し控えたいとは思うが、根拠となるデータがなくては私的な想いにとどまってしまう。想いを共通の土俵で語るために、データとして切りとった実態をいっしょに見ていただければ幸いである。

フリーターという生き方／目　次

はじめに

第一章　フリーターとは …… 1

1　フリーターの定義 …… 1
2　フリーターの数 …… 3
3　フリーターの年齢 …… 5
4　フリーターの学歴 …… 8
5　フリーターの比率と地域 …… 11
6　フリーターの類型 …… 12

第二章　就職できない …… 16

1　新規学卒厳選採用とフリーターの増加 …… 16
2　新規学卒労働市場の質的変化 …… 21
3　高校生の就職プロセス …… 22
4　就職からフリーターへ …… 24

目　次

5　雇用慣行の変化と新規学卒採用……29
6　若年失業とフリーター……32

第三章　就職しない……34
1　決めることの先のばし……34
2　「やりたいこと」へのこだわり……37
3　フリーターを選ぶ理由……40
4　自由な時間と気楽な人間関係……45
5　進学費用をまかなえない家計……48
6　フリーターを選ぶ高校生の生活……50

第四章　大卒フリーターと正社員への移行……54
1　大卒無業・フリーターの増加……54
2　正社員への移行……55
3　無業・フリーターと大学属性……57

4 無業・フリーターと就職活動……60
5 インターネット時代の落とし穴……65
6 卒業四年目までの就業状況の変化……67

第五章 フリーターの仕事と職業能力……76
1 フリーターの仕事……76
2 職業能力の獲得とキャリア形成……79
3 キャリア形成の方向……81
4 フリーター経験と職業能力形成……90
5 現実の就業機会との接点の認識……93
6 キャリア形成・能力開発上の問題点と対応策……100

第六章 諸外国のフリーター……103
1 フリーターは日本だけの問題か……103
2 大学卒業直後の就業状況……106

3　卒業四年目の就業状況……109
4　キャリア形成と意識の比較……112
5　日本の大卒者のパートタイム・有期限雇用の問題点……121

第七章　「学校から職業への移行」の変化……124
1　新規学卒採用の変化……124
2　学校から職業への移行……126
3　学校から職業への移行の実態……130
4　無業・非正社員からのキャリア形成の問題点……133
5　キャリア探索期間としての意味……136
6　正社員へ移行した後の新規学卒就職者との差……138
7　フリーターになりやすい層と
　フリーターから離脱しにくい層の存在……141
8　必要な対応策……147

補論　フリーター時代への対応……152
1　雇用多様化時代の仕事選び……153
2　フリーターからの「はじめの一歩」……166
3　仕事の世界からのメッセージを……172
4　常識でなくなった「就職」……175
5　高校生の就職難への対応……178
注……184
文献……188
おわりに……191
初出について

第一章　フリーターとは

1　フリーターの定義

「フリーター」という言葉は、一九八〇年代後半、アルバイト情報誌『フロム・エー』によって造られ、広められた言葉である。当初は「フリー・アルバイター」といったが、映画製作を契機に略して「フリーター」としたという。当時増えつつあった、学校を卒業しても定職に就かずアルバイトで生計を立てる若者たちを指した。念頭に置いていたのは、何らかの目標を実現するため、あるいは組織に縛られない生き方を望んで、あえて正社員ではなくアルバイトを選ぶ若者であった(1)。

今、この言葉は多様なニュアンスで用いられている。「まともに仕事をしないでフラフラしている若者」という意味がこめられていることもあれば、正社員になりたいのに就職口がなく、しかたなくアルバイトしている者も「フリーター」を自称している。あるいは、「芸人ですけど、まだ食べてはいけないから、フリーターもしています」といった風にも使われたり、職業を「フリーター」とした四〇歳の既婚女性の投書が新聞に載っていたりする。学生以外でアルバイトで働いている状態全般を指している言葉とも見える。だが、高校の先生たちは就職か進学かの進路がきまらないまま卒業する者を総称して「フリーター」と呼ぶことが多いし、アルバイト、パートだけでなく派遣社員や契約社員等まで含めた、正社員以外の働き方をしている人全体を指して使うこともある。

「フリーター」という言葉で指すものは人により違うことが少なくない。調査や統計での扱われ方をみると、まず労働省『労働白書』(一九九一年)では、仮にとして「年齢は一五〜三四歳と限定し、①現在就業している者については勤め先における呼称が『アルバイト』または『パート』である雇用者で、男子については就業継続年数が五年未満の者、女子については未婚の者とし、②現在の無業の者については家事も通学もしておらず『アルバイト・パート』の仕事を希望する者」としている。二〇〇〇年の『労働白書』でも、フリーターをとりあげているが、ここでの定義もほぼこれと同一である。[2] このほかの調査では、「学生でも正社員でも主婦でもなく「アルバイト」として働いている若者(三〇歳未満の者)」「学校に在籍しない者であって、定職に就かず、臨時的またはパートタイム的雇用形態で仕事に従事している者」[3] などがある。

これからフリーターの問題を考えるために、少なくとも本書の中では、誰のことをフリーターと呼んでいるかを限定しておきたい。若者であること、学生ではないこと、正社員としては雇用されていないことは、ほとんどの人に共通した認識だろう。主婦がパートタイマーで働く場合とは区別して考えるほうが、今の問題としてはわかりやすい。パートタイマーやアルバイトだけでなく、派遣労働や契約社員、嘱託といった正社員以外の雇用形態全体につながる問題という捉え方もできるが、そうした働き方をしている人の多くが、自分をフリーターであるとは考えていないので(4)、やはりアルバイト、パートタイムに限ったほうがいいだろう。また、アルバイトをしている時期もあればその期間が切れて一次的に無業という場合もフリーターと考えたほうがいいだろう。そこで、本書での定義は、当面、「一五〜三四歳で学生でも主婦でもない人のうち、パートタイマーやアルバイトという名称で雇用されているか、無業でそうした形態で就業したい者」を指すことにする。

2　フリーターの数

さて、その上で、まずフリーターはどのくらいいるのか。『労働白書』(二〇〇〇年)では、総務省の「就業構造基本調査」(一九九七年)を用いて、先に見た独自の定義に従っておよそ一五一万人と推計している。ただし、『労働白書』の定義では、五年以上の就業継続者をフリーターから除いているし、また、学生でアルバイトをしている場合もフリーターとして数えられている可能性がある。そこで、先の本書での定義によって、「就業構造基本調査」のデータを再集計すると、一九九七年でおよそ一七三万人となった(日本労働研究機構、二〇〇二)。「就業構造基本調査」は五年おき

図表1-1　フリーター数の推計

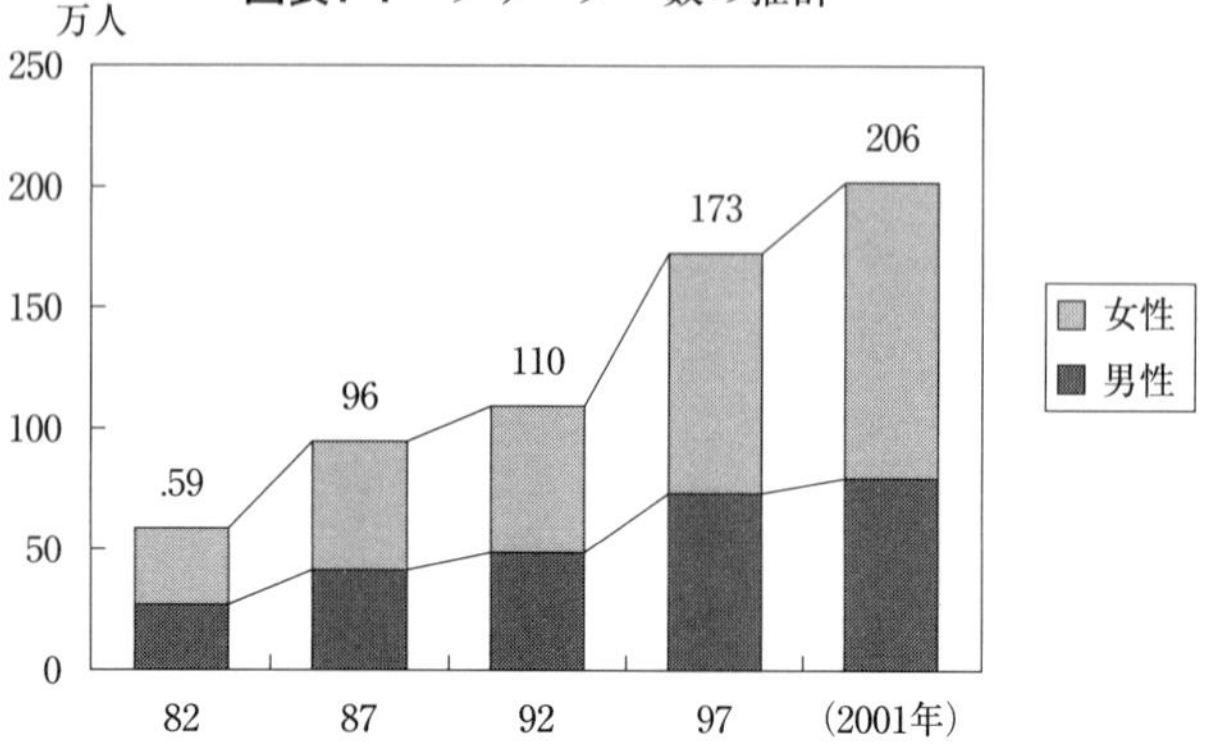

資料出所：日本労働研究機構（2002）「若者の就業行動に関するデータブック－就業構造基本調査の再分析より」
2001年は総務省「労働力調査特別調査」より推計

注：①フリーターの定義は「15－34歳で在学しておらず、女性は未婚の者のうち、パート・アルバイト雇用者及び無業で通学も家事もしておらず、パート・アルバイトの仕事を希望する者」

に実施されているので、一九八二年からの四回の調査時点についてみたのが図表1―1である。九〇年代からの増加が著しいこと、また、性別には女性が六割前後と多いことがわかる。

ここで用いられた総務省「就業構造基本調査」は、全国から抽出した約四三万世帯、約一一〇万人を対象にした非常に大規模な調査であるが、五年おきに実施されているので、九七年の数字が最新でそれ以降は発表されていない。そこで、より最近の状況を知るために、同じ総務省で行っている「労働力調査特別調査」を使用する。この調査は調査対象数が約四万世帯・一〇万人で、先の「就業構造基本調査」よりは小規模だが、毎年、実施されてきた。この二〇〇一年八月調査から、一五～三四歳で、学生でも主婦でもなくて、アルバイトやパート名称で雇用されている人、および無業でアルバイトやパートで就業したいと希望している人を合計したのが図表中の二〇〇一年の数字である。およそ二〇六万人となった。

ただし、この調査での就業状態は調査月の一週間に限っている。したがって、「ふだんの状態」を就業状態として尋ねている「就業構造基本調査」に比べれば、パートやアルバイトでの就業はいったん切れることもあるので、若干少なめにでるかもしれない。単純に比較できない要素はあるが、九七年以降さらに多くなっているのは間違いないだろう。

3　フリーターの年齢

年齢別に見ると、フリーターの中で最も多いのは二〇代前半である。九七年「就業構造基本調査」から推計したフリーターの内訳で見れば、男性の四五％、女性の五〇％を二〇〜二四歳層が占める。フリーターのおよそ半分は二〇代前半であるといえる。

ただし、ここでフリーターを年齢は三五歳未満、女性は未婚と定義したから、この二〇代前半層が多くなっているという点を忘れてはならない。雇用者に占めるアルバイト・パートの比率という視点から見ていくと、二五歳未満の若者が極端に高いわけではない。図表1―2には、年齢別のアルバイト・パート出現率（役員を除く雇用者を一〇〇としたときのアルバイト・パート比率）を示した。

男性で最もこの率が高いのは六五歳以上の高齢者で三〇％以上になっている。女性では、既婚

図表1-2　性・年齢別アルバイト・パート出現率*（在学者を除く）

単位：%

	男性	女性（無配偶）	女性（有配偶）
年齢計	5.4	22.9	48.6
15～24歳	15.4	23.9	33.3
25～34歳	4.0	15.0	38.0
35～44歳	1.3	19.6	50.3
45～54歳	2.1	31.9	50.9
55～64歳	7.6	42.2	52.6
65歳以上	30.6	45.5	50.0

*アルバイト・パート出現率は雇用者数（役員を除く）を100とした時のアルバイト・パートの比率

資料出所：総務省『労働力調査特別調査』2001年8月

（有配偶）者はおよそ半数がアルバイト・パートで、どの年齢層でも未婚の若年層より高い。また未婚（無配偶）者の中でも四〇歳代後半以降は三〇%以上になり若年者より高い。二五歳未満の若年者より、高齢の男性、中高年・既婚女性のほうがアルバイト・パートの比率はずっと高いのである。

注目すべきなのは変化である。九〇年代初めまでは、パートタイムをはじめとする正社員以外の就業形態に就くのはほとんどこうした人たちだった。九〇年代初めまでは、二五歳未満の若年者でアルバイトやパートで雇用されている者は、ずっと少なく、九一年の数字で男性で七・〇%、女性で八・六%という水準だった（総務庁、一九九二）。それが九〇年代初めの景気後退から急激に若者が正社員以外の就業形態で働き始めたのである。既婚の中高年女性を中心にしていたアルバイト・パートタイムの市場に若い男女が参入してきたわけで、フリーターの女性を定義上未婚に限定しているのは、これまで正社員以外の雇用の中心だった中高年女性と違った集団として区別するためでもある。

こうした中高年女性との関係から、若い時期にフリーターになることの意味は男女で大きく異なる点を指摘しておきたい。二〇代前半までのアルバイト・パート比率については男女で同様な急増を示しているが、二〇代後半以降の性による雇用形態の差は非常に大きい。二五～三四歳以降の男性ではアルバイト・パート比率は数%という低さで、二〇代後半にかけてフリーターから脱して正社員になる移動が少なからず起きていることが予想されるのに対して、むしろ女性では、さらにアルバイト・パートの出現率は高まる。中高年になればなるほど正社員は減少している実態がある。この現実の就業形態の差が、若い女性たちに意識されないはずがない。フリーターになる意識、そこから離脱しようとする意識はこうした実態を反映して、男女で大きく異なってくるのだと思われる。

もう一点、フリーターの年齢については、確認しておかなければならないことがある。二五～三四歳の男性の場合、アルバイト・パート比率は四%と確かに低いのだが、九〇年代半ばまでは二%程度の水準であった。それが、徐々に上昇してきているのである。この傾向は、九七年までの「就業構造基本調査」を使った分析でも指摘されており（堀、二〇〇二）、年長のフリーターが増加している傾向がうかがわれる。つまり、男性の場合、二〇歳代後半までにフリーターから正社員に移る者が多かったのだが、それが次第に移行しなくなっている兆しが見られる。後の章で他のデータから詳しく分析するが、次第に年長フリーターが増える傾向は、今後を考える上で注目すべきことである。

4　フリーターの学歴

次に、現在、どんな若者がフリーターになっているのかを学歴の面から検討する。

文部科学省では毎年、高校や大学・短大等の卒業生の進路状況を全国的に調べて発表しているが、その進路の一つとして、就職も進学もしない「無業」(5)の数も報告されている。二〇〇二年三月卒業者では、高卒の無業者は一四万人で卒業者の約一〇％（就職者の〇・六二倍）を占める。短大卒では三万人（卒業者の一九％、就職者の〇・三二倍）、大卒では一二万人（卒業者の二二％、就職者の〇・三八倍）となっている。このほかに大学、短大卒では「一時的な仕事」という項目があり、これに就いた者が短大卒で一万人、大卒で二万人いる。

卒業時点で「無業」であったり「一時的な仕事」に就いた場合、ここでいうフリーターになっている可能性は高い。

この卒業時点の状況は統計が整備されているので、変化が詳しくわかる。九〇年代のはじめと比べると、高卒の場合は当時も九万人前後の無業者がいたので、増加数は五万人程度である。これに対して、大卒の場合は、当時は二万人程度しかいなかったので、一二万人になったというのは大幅な増加である。ここから大卒のフリーターが近年急速に増えているのではないかと予想される。

図表1-3　フリーター（学歴別）の推計

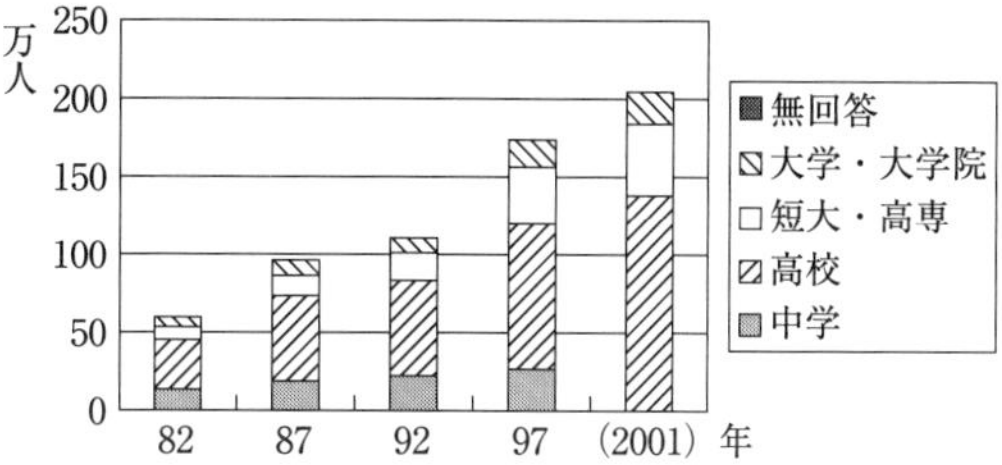

資料出所：日本労働研究機構（2002）「若者の就業行動に関するデータブック－就業構造基本調査の再分析より」
2001年は総務省「労働力調査特別調査」より推計
注：①フリーターの定義は「15－34歳で在学しておらず、女性は未婚の者のうち、パート・アルバイト雇用者及び無業で通学も家事もしておらずパート・アルバイトの仕事を希望する者」
②中学には高校中退、高校には高等教育中退、短大高専には専門学校を含む。
③2001年は高校には中学卒も含む。

先にフリーター数の推計に用いた「就業構造基本調査」および「労働力調査特別調査」から、フリーターの学歴構成を見たのが図表1―3である。「就業構造基本調査」は中学卒、高校卒、短大・高専（含む専門学校）卒、大学・大学院卒の四段階の学歴別の集計が可能だが、二〇〇一年の「労働力調査特別調査」では、中学卒は高校卒に含む形で整理した。なお、大卒・大学院卒の学歴は最終卒業学校を尋ねているため、高校中退者は中卒に、高等教育中退者は高卒に含まれる。

卒業時の無業の多さに比べると、この統計での大学や短大卒フリーターは少ない。二〇〇一年では、およその比率で大学・大学院卒一〇%、短大・高専卒二二%、高卒・中卒で六八%で、圧倒的に高卒以下の学歴の者のほうが多い。この理由として考えられるのは、第一に、高学歴者の場合、無業やフリーターになったとしても比較的短期のうちに正社員に移行しているためフリーターにとどまっている数が少ないのではない

図表1-4　性・学歴別若年アルバイト・パートの出現率*

	男女計	男性	女性（無配偶）
15〜24歳計	19.6	15.4	23.9
中学・高校	24.0	17.5	33.3
短大・高専	16.8	14.3	17.9
大学・大学院	10.0	7.0	13.5
25〜34歳計	7.1	4.0	15.0
中学・高校	9.1	4.5	24.3
短大・高専	7.9	5.1	10.7
大学・大学院	3.1	2.4	5.9

注：*アルバイト・パート出現率は雇用者数（役員を除く）を100とした時のアルバイト・パートの比率
資料出所：図表１－２に同じ

かということである。第二には、この年齢の雇用者では高卒者の割合が大きいので、その結果フリーターの中でも高卒者が特に多くを占めているのではないかという可能性である。さらに言えば、学校卒業時の統計の問題として、大卒者の場合、大学を通さない自由応募の就職が主流になっていることから、大学側で就職状況を完全には捉えられず、無業と集計された者の中に実際は就職してる者も含まれていた可能性も考えられる。

このうち二番目の疑問については、各学歴ごとに雇用者に占めるアルバイト・パートの比率を出せばわかる。そこで図表1―4をみると、男性にしろ女性にしろ、学歴が高い者ほど明らかにアルバイトやパートの出現率は低い。特に大卒・大学院卒の二五～三四歳・男性では二％と低く、ほとんどが正規の雇用者になっている。これに対して、中学・高校卒業の女性（無配偶）では、二五歳未満で三三％、二五～三四歳でも二四％と高い。やはり大卒者のほうがフリーターになる可能性が低いといえる。

また、第三の点については、大学生の就職が自由応募を基本としているだけに、学生によっては就職しても学校に報告しない場合もありえるので、無業の比率が多く出ている可能性はある。ただし、大学経営にとって就職状況の改善が非常に重要になっている昨今の事情を考えると、国公立大学はともかく、私立大学で無業者の方を多く見積ることはあまり考えられない。

とすると、やはり高学歴者はいったんはフリーターになっても、短期のうちにフリーター市場から退出している可能性が高い。これに対して、学歴の低い者、特に高校中退を含む中学卒業の学歴の場合、長くフリーターでいつづけているのではないかと考えられる。

5　フリーターの比率と地域

フリーターの比率は地域によって大きく異なる。先の「就業構造基本調査」(一九九七)からは、都道府県別にフリーター比率(一五〜三四歳の雇用者(役員を除く、非在学で女性は未婚)に占めるフリーターの比率)を計算することができる。これによると比率が高いのは沖縄県(男性一五・四%、女性で二五・五%)、東京都(同一〇・一%、一九・〇%)、京都府(同七・三%、二〇・五%)、埼玉県(同七・二%、一六・六%)、奈良県(同七・一%、一七・七%)、大阪府(同七・〇%、一九・三%)、神奈川県(同七・〇%、一六・三%)などである。

逆に低いのは、石川県(男性二・六%、女性一二・四%)、福井県(同三・四%、一〇・五%)。富山県（同三・四％、一〇・八％）、長野県（同三・九％、九・四％）、愛媛県（同四・二％、九・二％）等となっている。

こうしてみると、フリーター比率は首都圏、関西圏で特に高い。フリーターは都市に集中する傾向があり、フリーターの地域構成の形で見れば、京浜大都市圏に三～四割、京阪神に二割程度とこの二大都市圏に半数のフリーターが集中している。こうした大都市圏では、まずフリーターとして働く場、アルバイト・パートの機会が多いことが一つの要素として考えられる。逆に低い県をみると、地場の製造業が比較的堅調であるなど産業基盤との関係もあると考えられる。

この他、都市化にともなう人間関係の希薄化が、若者がフリーターを選択することへの抵抗を弱めているとか、人口集中の結果の高校の階層化が、一部の高校にフリーターをたくさん析出する構造を作り出しているとか、いくつかの説明が考えられる。

6　フリーターの類型

フリーターの数、性・年齢・学歴の特徴を見てきたが、次に、どうしてフリーターになったかという主観的な観点から、フリーターの類型分けをして、彼らの輪郭を描くことにしたい。この若いパート・アルバイト労働者たちは、九〇年代半ば以降急速に増えたのだが、いったいなぜ彼らはフリーターになったのか、というのが最も最初の疑問だろう。

図表1-5　フリーターになった理由による類型

類型	概要
1　モラトリアム型	
（1）離学モラトリアム型	職業や将来に対する見通しを持たずに教育機関を中退・修了し、フリーターとなったタイプ
（2）離職モラトリアム型	離職時に当初の見通しがはっきりしないままフリーターとなったタイプ
2　夢追求型	
（3）芸能志向型	バンドや演劇、俳優など、芸能関係を志向してフリーターとなったタイプ
（4）職人・フリーランス志向型	ケーキ職人、バーテンダー、脚本家など、自分の技能・技術で身を立てる職業を志向してフリーターとなったタイプ
3　やむを得ず型	
（5）正規雇用志向型	正規雇用を志向しつつフリーターとなったタイプ、特定の職業に参入機会を待っていたタイプ、および比較的正社員に近い派遣を選んだタイプ
（6）期間限定型	学費稼ぎのため、または次の入学時期や就職時期までといった期間限定の見通しを持ってフリーターとなったタイプ
（7）プライベート・トラブル型	本人や家族の病気、事業の倒産、異性関係などのトラブルが契機となってフリーターとなったタイプ

資料出所：日本労働研究機構『フリーターの意識と実態―97人へのヒアリング結果より』2000年

私の所属する日本労働研究機構では、若者の就業行動の変化の典型としてフリーターをとりあげて、一九九九年から調査研究をスタートした。その一環として、その年の夏から秋にかけて、現役フリーターとフリーター経験者を対象にしたヒアリング調査を行なった。九七名の対象者に、一人一時間かそれ以上をかけて話をうかがい、フリーターになった理由やその後の経験、これからの希望、あるいはそれ以前の学校生活との関係などについて整理した。そこから抽出したのが上の図表1―5に示すフリーターの類型である。

一つの類型は「モラトリアム型」。職業的選択を先延ばしをするために、フリーターになったタイプである。彼らは、「やりたいことが見つからないから」とか「とりあえずで進学するよりじっくり考えたかった」などの理由で、就職や進学よりフリーターを選んでいる。学校を卒業してすぐにフリーターになった者、高校を中退したり、大学等に進学してから中退したり、当初は予備校に通いながら途中で大学受験を放棄した者もいる。いったんは就職して、数ヵ月後に辞めてフリーターになった者もいる。次の正規のステップまで、一時的なあり方としてフリーターを選んだ心理が共通している。

第二の類型は「夢追求型」。「やりたいこと」が見えていて、それが正社員として雇用される仕事ではないために、アルバイトを選んだタイプである。夢のための準備をしながら生活のために全く別種のアルバイトをしている場合もあるし、就きたい仕事の入り口がアルバイトであったからという場合がある。「夢」の内容で多いのがバンドやダンスなどの芸能関係の仕事である。ケーキ職人等の手に職型の職業も少なくない。

第三の類型は「やむを得ず型」。文字通り、本人の希望とは裏腹に周囲の事情でフリーターになったタイプである。就職試験を受けたが受からなかったためという者が少なくないが、その後、アルバイトをしながら正社員への応募を続けている場合もあるし、あきらめて、気持ちを切り替えた場合もある。あるいは、進学を望んでいたが家計が許さないため、入学に必要な学費を自力で稼ごうとアルバイト生活に入った者もいる。親の会社の倒産のため決まっていた進学をあきらめて就職希望に切り替えたものの、タイミングを逸してしまったために就職先がなかったという者もいる。

大きくは上記の三類型、細かくはさらに細分した七類型に整理したが、なぜフリーターになったかという心理的な面については、理解を助ける類型分けではないかと思う。この類型を意識しながら、以下の章では、フリーターが急速に増加した理由についてより構造的に探っていきたい。

第二章　就職できない

1　新規学卒厳選採用とフリーターの増加

「やむを得ず型」フリーターの多くは、就職試験を受けたものの内定を得られなかったためにフリーターになっている。その背景にあるのは、「土砂降り」とか「氷河期」とか言われてきた学校卒業時点での就職難であり、企業側の新規学卒に対する厳選採用の姿勢である。

実際、九〇年代半ば以降、新規学卒者に対する求人は大きく減り、各社は厳選採用を続けている。新規高卒者の場合は、求人数は公的な統計で全国的に把握できる（厚生労働省職業安定局「新規学卒者の労働市場」）。これによれば、九二年三月卒業者に対する求人は一六七万人であったのに対して、二〇〇二年三月卒業者への求人は二四万人と、七分の一にまで激減した（図表2―1）。この間、求

図表2-1　高校生への求人数と求人倍率

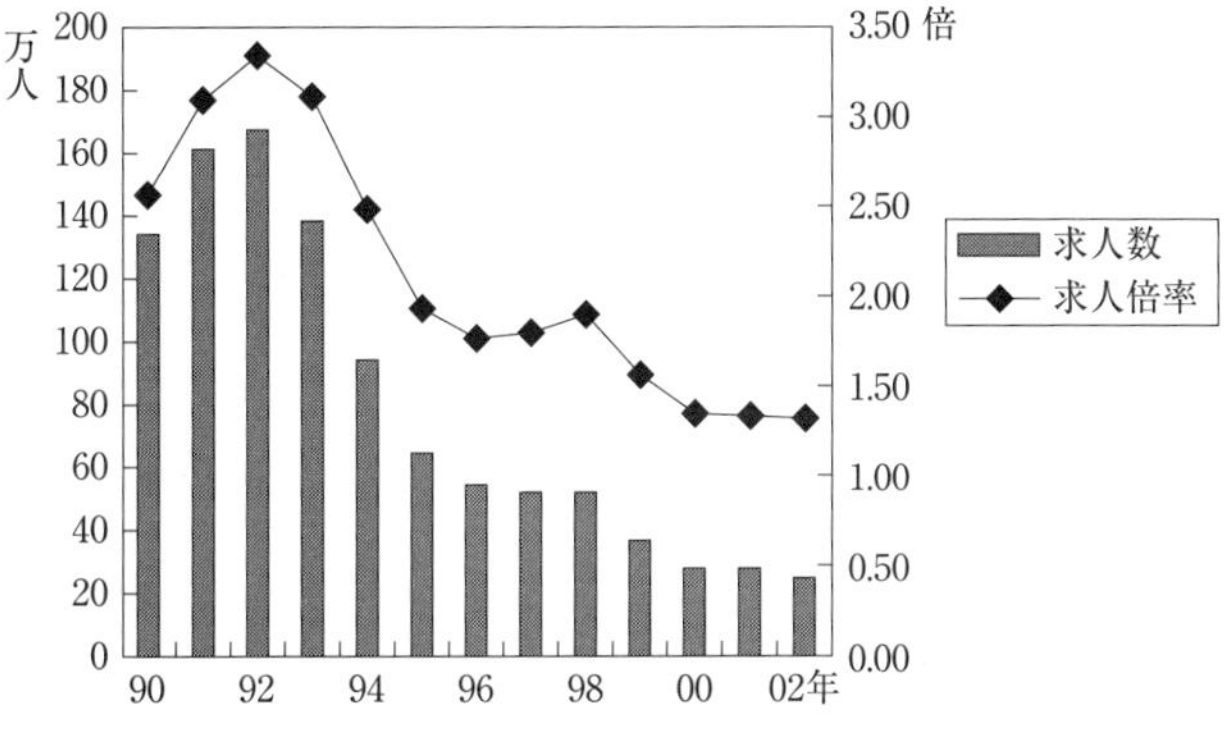

求人倍率＝求人数／求職数
資料出所：厚生労働省「新規学卒者の労働市場」各年

職者も減少してるが、これほどの大幅な減少ではなく、一人の求職者に対する求人者の割合（求人倍率）は三・三四倍から一・三二倍に低下している。

新規大卒や短大卒については、行政機関が求人数・求人倍率を把握していないので、民間企業のアンケート調査を基にした推計をみてみよう。これによると、大卒の場合は、求人数は一九九二年三月卒の七四万人から二〇〇二年三月卒の五七万人へと減少し、求人倍率は二・四一倍から一・三三倍へと低下している。また、短大卒では、求人数は二〇万人から五万人へと大幅に減り、求人倍率は一・二二倍から〇・五一倍へと低下した。㈱リクルートワークス研究所調べ[1]。求人倍率が一倍を切れば、就職希望の一人の学生に対しての求人が一件にも満たないことになる。短大卒の〇・五一倍は二人に一件という状態で、非常に厳しい。

高校生と大学や短大とでどちらが厳しいかという

と、これは求人倍率の比較から単純に大学や短大が厳しいとは言えない。高校生の場合は、求人前に各企業は求人内容について公共職業安定所で確認を受ける必要があるため、求人数は行政がかなり正確に把握している。しかし、大卒や短大卒ではそうした届け出の原則はないので、ここに示したようなアンケート調査の結果しかない。アンケート調査だから求人にしろ求職にしろすべてが把握されているわけではないのである。それぞれの学歴について、毎年の変化を見るうえでは、こうしたアンケート調査は有効だが、高校生の求人倍率とは基本的に性格の異なるものである。この数字で比較することはできない。

いずれにしろ、どの学歴の新卒者に対しても厳選採用が続いていることは確かで、その結果、どの学歴でも就職内定率は低下している。高校卒業予定者の内定率は全国の高校からの報告を安定機関でまとめて報告している（厚生労働省職業安定局「新規学卒者の就職内定状況等について」）。高校生の場合、三年生の九月半ばから採用試験が行なわれ内定が出される。そこで九月末の内定状況をみると、九〇年代初めまでは七〇％前後に達しており、多くの高校生が最初の就職試験で内定をもらっていた。しかし、昨今ではこの時点の内定率は三〇％近くにまで下がっており、最初の試験で落とされる生徒のほうが多くなった。この後、次の試験を受けて内定をもらう者や就職をあきらめて進路変更する者がでて、内定率は徐々に上がっていく。その結果、二〇〇二年三月卒業者の場合、卒業までに就職先を決めたのは就職希望者の九〇％であった。残る一〇％の生徒は就職を希望しながら決まらないまま卒業した。この中にフリーターになった者は多いだろう。九〇年代前半までは三月末の内定率は九八〜九九％で、ほぼ全員が就職先を決めて卒業していた。当時と比べれば大きな変化である。

一方、大卒、短大卒、高専卒、専修学校卒の内定率については、いくつかのサンプル校からの報告に基づき推計され、発表されている（厚生労働省職業安定局「大学等卒業予定者就職内定状況等調査」）。大学生の場合は、卒業前の一〇月一日が内定開始日の目安とされているので、この時期と、卒業後の四月一日の内定率をみる。二〇〇二年三月卒業者の場合、大卒では一〇月一日が六五％であるが四月には九二％まで上昇している。同様に、短大卒女子は三七％から九〇％、高専卒男子は九二％から九八％、専門学校卒では三三％から八三％である。高専や大学卒業者では一〇月までに内定を得ている者が多いが、短大や専門学校は内定時期は遅い。また、就職を希望しつつ未内定のまま卒業する者が、大卒で一割、短大や専門学校卒では二割近くいる。

さて、内定率の計算では、求職者・就職希望者数は、それぞれの調査時点でのものが使われている。高校生の場合、実務的な要請から、職業安定機関が（卒業前年の）七月、九月、一一月、（卒業年の）一月、三月と数回にわたり、求職数、求人数、および就職内定数を調査し発表している。この数はそれぞれの時点で異なる。すなわち、求人数は、学校や安定機関の求人開拓の努力等を通じてこの期間を通じて増加し、一方、求職数は、生徒が学校・公共職業安定機関を通じた就職活動を希望し続けるかどうかで変わる。この途中経過の求職数をみていくと、九〇年代初めには七月当初より最終の数字の方が増えることがあったが、九三年以降は減少するようになった。二〇〇二年三月卒業者の場合、求職登録していた者は三年生の七月時点で二五万人近くいたものが、調査時点ごとに減少し、最終では一八万人にまで減った。七万人、約三分の一が卒業までに就職希望を撤回している。この求職登録者の減少は、学校・安定所経由でなく縁故等の他の経路で仕事を探すという求職方法の変更か、求職そのものを辞めたかのどちらかを表す。縁故での就職も困難になっており、求職そのものをやめた場合が少なくないだろう。すなわち、九二年の景気後退期以降、大幅に求人が減る中で、当初就職希望であった生徒が希望を撤回する動きが広く起こってるのである。

さらに、毎年の七月の求職数は前年より低下する傾向が続いている。次の年の生徒は先輩の就職状況に学んで、当初から就職希望を持たなくなっているのであろう。こうしてみると、求職者の減少は求人の減少と独立に起きているものでなく、むしろ求人の減少に呼応する形で進展していったといえる。

大卒や短大卒の場合にはこうした詳しい統計はない。しかし同じような就職希望撤回の動きがあることは間違いない。就職を希望しながら未内定で卒業していく者が就職希望者の一割から二割に達しているのに加えて、当初は就職を希望していたが、そのハードルが高いために就職希望を撤回した者が、例えば高卒者なら三割程度いる。こうした途中での志望変更まで加えれば、新規学卒者への労働力需要が低下したことがフリーター増加の大きな原因になっている。

2 新規高卒労働市場の質的変化

新規学卒者への求人は激減すると同時にその求人の内容も変化した。ここでは、特に減少幅が大きく、また、求人内容についての資料も確かな高卒予定者への求人を中心に見てみよう。

高校生への求人は、各高校に伝えられる前に公共職業安定所で確認を受けることになっているので、その全体が労働行政によって把握され、公表されている。厚生労働省職業安定局「新規学卒者の労働市場」をもとに、二〇〇二年三月卒と九二年三月卒の求人を比べると、その数が七分の一まで減ってしまったことはすでに見たが、その際、減少率が大きかったのは大規模事業所で、高校生への求人は小規模の事業所からのものが中心になった。就職先の比率で見ると、従業員数一〇〇〇人以上規模の事業所への就職者は、九二年には二九%を占めたが二〇〇二年には一五%へと大きく減少し、一方、二九人以下の事業所への就職者は一一%から二二%と倍増した。この変化はとりわけ女子で大きかった。

職業では、事務及び専門技術職の求人の減少率が大きく、その結果、サービスや生産工程の職種の比率が増した。就職職種でみると、事務及び専門技術職での就職者は九二年には四二%を占めていたが、二〇〇二年には二五%に減り、一方、サービス職は七%から一五%に、生産工程の職業は三二%から四三%に増えている。高校生への求人は、数が七分の一になっただけでなく、大規模事業所やホワイトカラーの求人が特に大きく減り、その質が一変しているのである。

各高校宛にくる求人も、もちろんこうした事態を反映したものになろう。ただし、全体としての求人数の減少がそのまま各高校の求人に反映されているわけではない。高卒者の就職は、自由応募が主流の大卒者とは異なり、学校にくる求人が中心で、独特の斡旋プロセスがある。すこしミクロなレベルまでたちいって、高卒者の就職プロセスの変化をみてみよう。

3 高校生の就職プロセス

高校生の就職は、学校の斡旋による場合がほとんどである。学校斡旋は次のような流れで進められてきた。まず、各企業は職業安定機関で求人内容の確認を受け、その上で独自に選んだ高校にこれを持参したり郵送するなどして伝達し、学校推薦を依頼する。新聞の求人広告などによる生徒への直接の伝達は、最近までは卒業直前の二月まで制限されていたので[2]、実質的には学校推薦以外での応募の機会はほとんどない。各学校では学校にきた求人を生徒に公開して生徒から応募の希望を採る。その際、担任教師や進路指導担当の教師と綿密な相談があるのが普通で、また、指定された学校推薦の枠以上に応募したい生徒がいれば、相談や推薦会議などをつうじて学校が応募者を絞ることが一般に行なわれてきた。

こうして、一斉に始まる採用試験時（現行では九月一六日）には、一人一社ずつ応募するように調整された。そして、この最初の受験に失敗した場合のみ、別の企業への応募が認められた。これが「一人一社制」と呼ばれる慣行である。また、多くの学校では、翌年以降の求人を確保するために、一定水準以下の生徒は他に応募者がいなくても推薦しない内規を持ち、また、企業はこれに応えてそうした学校が推薦する応募者をおおむね受け入れる姿勢を採ってきた。こうして、学校と企業の間に、長期にわたる特定の「就職＝採用」の関係が続いてきている。実際、先に見たように九〇年代初めまで、採用試験解禁直後の九月末段階で高校生の内定率は七割前後に達し、大方の高校生は一回の応募で就職先を決めていた。

現在では、この内定率は三割近くまで低下し、不採用になる高校生の方が多くなった。さらに、この時期の求人倍率は一倍を切り、一人一社の応募先など実質的にはない状況である。

事態は局所的にはもっと悪い。まず、広い地域から大量に高校生を採用してきた大企業の求人が減った。地方の高校生にとって、親元を離れるほどの魅力のある求人が減る一方、長男長女化が進んだこともあり、就職口を地元に求める傾向は強くなっている。その結果、地域の経済状態がそのまま新規高卒者の労働市場に反映することになり、地域間格差が広がっている。

さらに、同じ地域でも学校間の格差が広がっている。求人数は九二年の七分の一にまで減少し、高卒採用から撤退した企業も少なくないが、採用を続ける場合も大幅に採用数を絞っている。その際、求人票配布先を選別するが、リストからはずされるのは古くからのつきあいではない学校や就職者の少ない学校などで、新しい学校・普通科高校など特定の高校への求人が際だって減っている。

学校間格差が大きくなっているのである。

一方、大量に高校生を採用する大企業の求人が減った分、学校や職業安定機関が新たに開拓した求人先の割合が増加している。この新たな求人はこれまで新規学卒者を採っていなかった地元の中小、零細企業が多い。各学校で生徒に提示される求人は、少し前の卒業生の時とは大きく変わった。特に、毎年安定的に卒業生を採用するような企業（＝実績企業）からの求人が減っている。

高校における就職指導の中で、実績企業は良好な就職機会とみなされ、成績や出席状況の優良な生徒が優先的に推薦されてきた。良い成績と勤勉な出席状況が良好な就職機会に結びつくというルールは、学校内の秩序を保ち、生徒を勉学に動機づけるためにも有効だった。就職先の構成が大きく変わったことは、学習への動機付けという学校教育の基本的な部分まで揺るがしかねない。

また、実績企業については卒業生からの情報も多く、仕事の内容や職場の状況等についても学校側は多くの情報を持っており、応募する生徒の調整段階で適性面を加味することもできたし、応募する生徒に伝えることもできた。こうした求人票を越える情報は、新たな求人先についてはほとんどない。近年、新卒者の定着率が下がる傾向があるが、就職先についての情報の不足からくるミスマッチもその一因になっていることが考えられる。

4 就職からフリーターへ

図表2-2　高校生の就職希望の変更時期と変更後の進路

単位：%、太字実数

3年生1月の進路予定（調査時点）	3年で就職活動をしたが変更	3年の4月以降就職希望から変更	1、2年の時に就職希望だが変更	ずっと就職希望でなかった
合計	100.0	100.0	100.0	100.0
実数	**513**	**442**	**319**	**3274**
専修・各種学校：進学先決定	20.3	25.8	40.8	39.0
専修・各種学校：進学先未定	6.6	5.0	6.9	6.5
大学・短大：進学先決定	8.0	10.6	21.9	24.3
大学・短大：進学先未定	5.8	2.3	8.2	14.3
フリーター	40.7	40.5	17.2	11.6
家業手伝い	5.1	5.9	0.6	0.8
その他	2.5	2.0	1.3	0.8
まったく未定	9.4	7.5	3.1	2.6
無回答	1.6	0.5	0.0	0.1

資料出所：日本労働研究機構『進路決定をめぐる高校生の意識と行動』2000年

高校生への求人が質量ともに大きく変化している中で、これまでの慣行を維持した就職斡旋が続けられている。そのひずみがフリーターを生むひとつの要因になっているのではないか。高校生の就職プロセスとフリーターへの進路決定の関係を実態調査から探ってみよう。

ここで用いる資料は、日本労働研究機構が二〇〇〇年一月に首都圏の高校三年生を対象に行なったアンケート調査の結果である。東京、神奈川、埼玉、千葉の高校五二校（普通科・進路多様校三六校、工業科八校、商業科八校）の協力の下、合計六、八五五人の高校生と各校の進路指導の先生方五二名に回答していただいた(3)。

調査対象の高校生では、全体の五二%が、高校在学中のいずれかの時期に就職を希望していた。しかし、調査時点までに就職内定をもらっていたのは二七%で、残りの二五%は、就職活動までに希望を取り下げていたり（一一％）、就職活動を始めたものの途中で止めていたり（八％）、一月の調査時点まで内定を得られないでいた（六％）。さらに、就職活動をせずに希望を取り下げたり、就職活動をとりやめた者は一月の調査時点には就職以外の進路を希望している。図表２―２に示すように、三年生の四月以降に就職希望から変更した場合約四割がフリーターになる予定に、また、就職活動をしたが途中でやめた場合も同様に約四割がフリーター予定に変わり、一割が「まったく未定」である。

求人が大幅に減少するなかで、就職希望だった生徒が希望を撤回した場合、四割がフリーター予定に変わっている。この調査でのフリーター予定の高校生は一二％ほどだが、その約半数がこうした就職を途中であきらめての変更組である。

では、就職をあきらめたり、内定が得られないでいるのはどんな生徒か。

そこで、三年生の四月以降のいずれかの時点で就職希

図表2-3　就職希望の高校生の内定獲得率

単位：％、太字実数

	合計	実数	内定獲得	未内定 就職希望継続	未内定 就職希望から変更
全体	100.0	**3,262**	57.8	12.9	29.3
普通高校・計	100.0	**1,816**	47.6	15.6	36.8
男子	100.0	**826**	49.0	15.7	35.3
女子	100.0	**885**	47.1	15.5	37.4
商業高校・計	100.0	**810**	65.7	11.8	22.5
男子	100.0	**226**	62.9	11.4	25.7
女子	100.0	**547**	67.2	12.1	20.7
工業高校・計	100.0	**955**	70.8	8.7	20.5
男子	100.0	**805**	73.7	7.5	18.8
女子	100.0	**69**	41.8	25.5	32.7

資料出所：図表２－２に同じ

図表2-4　高校の実績企業倍率と内定獲得状況

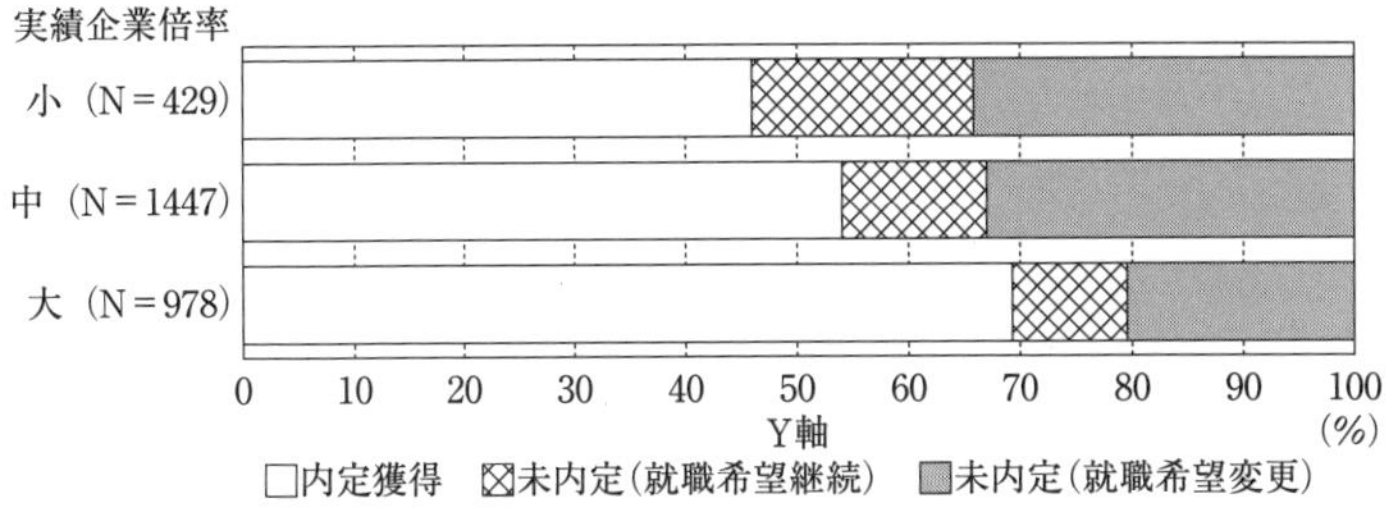

注：実績企業倍率＝｛実績企業（生徒が過去10年間に数名以上就職している企業と定義）数/1999年4月時点での就職希望者数｝を各学校ごとに求め、その第１四分位、第３四分位で３分した。

資料出所：図表２－２に同じ

望があったり就職活動をした生徒について、内定を得た者とそうでない者では何が違うのか、その属性や行動の特徴を検討してみた。まず、図表２―３には学科、性別の内定獲得者比率を載せたが、内定獲得者比率が高いのは、工業科男子と商業科の男女である。普通科では内定獲得者は半数以下と少ない。また、工業科でも女子では内定獲得率が特に低い。このうち普通科の未内定の生徒では、就職をあきらめ進路希望を変更しているケースが多い。

　学校間の求人格差が広がっていることを指摘したが、求人が少ない学校と多い学校では内定獲得率は違うのだろうか。そこで、図表２―４では、四月当初の就職希望者に対してどのくらいの実績的な求人があるかによって学校を三タイプに分けて、そのタイプごとに内定獲得率をみた（ここでの実績企業は、卒業生が過去一〇年間に数名以上就職している企業と定義している）。実績企業がどれだけあるかと内定獲得率はかなり強い関係がある。実績的な企業からの求人は採用の見込みがたつ求人であり、実際その相対的な量によって内定獲得率

図表2-5　高校生の欠席日数・成績と内定獲得率（学科別）

単位：%、太字実数

		合計	実数	内定獲得	未内定（就職希望継続）	未内定（就職希望変更）
【欠席日数】						
普通科	10日以下	100.0	**1,100**	53.5	14.1	32.5
	11～20日	100.0	**265**	35.8	16.2	48.0
	21日以上	100.0	**203**	26.6	24.6	48.8
商業科	10日以下	100.0	**538**	70.3	11.0	18.8
	11～20日	100.0	**105**	57.1	11.4	31.4
	21日以上	100.0	**63**	38.1	20.6	41.3
工業科	10日以下	100.0	**644**	73.0	7.3	19.7
	11～20日	100.0	**107**	61.7	13.1	25.2
	21日以上	100.0	**62**	59.7	12.9	27.4
【成績自己評価】						
普通科	上のほう	100.0	**191**	58.1	9.9	32.0
	やや上のほう	100.0	**309**	52.1	15.2	32.6
	真ん中あたり	100.0	**461**	47.1	16.3	36.6
	やや下のほう	100.0	**309**	45.6	18.1	36.2
	下のほう	100.0	**313**	36.7	17.3	46.0
商業科	上のほう	100.0	**100**	76.0	8.0	16.0
	やや上のほう	100.0	**154**	69.5	8.4	22.0
	真ん中あたり	100.0	**194**	66.0	15.5	18.6
	やや下のほう	100.0	**133**	66.2	9.0	24.8
	下のほう	100.0	**126**	50.8	16.7	32.6
工業科	上のほう	100.0	**117**	75.2	4.3	20.5
	やや上のほう	100.0	**166**	73.5	6.6	19.8
	真ん中あたり	100.0	**240**	73.8	6.3	20.0
	やや下のほう	100.0	**141**	68.1	9.9	22.0
	下のほう	100.0	**155**	60.0	15.5	24.5

注：欠席日数、成績の無回答は省略した

資料出所：図表２－２に同じ

は左右されている。

さらに、本人の成績の自己評価、および欠席日数との関係を見ると、これも違いがはっきりしており、成績の悪い者、欠席日数が多い者ほど内定を得られないでいる（図表2―5）。特に、普通科での欠席日数が多い生徒や成績の自己評価の低い生徒では内定獲得率が低い。こうした生徒では、未内定のなかでも特に早くから就職をあきらめて希望を変えているケースが多い。この背景として、高校では一般に出席日数や成績が学校推薦の基準になっているため、そうした点で自信のない生徒が早くから就職可能性を低く見積もって方向転換していることが考えられる。

また、普通科高校の中で最も出席率が良いグループ、あるいは、最も成績の良いグループと工業高校の出席率が悪く、成績の自己評価が低いグループを比べると、むしろ後者の方が内定獲得率が高い。実質的な求人の学校間格差がひろがる中で、成績と出席による配分のルールが各学校の中で貫かれており、その結果、特定の学校では数多くの生徒が就職希望をあきらめ、進路希望を変えている。そしてその多くがフリーターに向かっていると思われる。

5　雇用慣行の変化と新規学卒採用

企業の新規学卒者に対する採用意欲が低下していることを最初に指摘したが、その原因は何だろう。第一には、もちろん景気の悪さがあげられる。景気だけの問題なら、今後、回復が進めばこれまで通りの求人が戻ってくるだろう。しかし、景気循環で説明できない構造的な変化からくる求人減なら、回復の可能性は低い。

先頃、都内の企業を対象におこなった調査[4]によると、これまで高校生を採用したことのある企業五二三社のうち四七%に当たる二四五社が九〇年代に入ってから高卒採用を中止している。そして、採用中止の理由として、最も多くの企業があげているのは「経営環境の悪化」(四八%)、次いで「専修学校卒・短大卒・大卒の各学卒が当該職務を代替して充当」(四二%)が多く、また「業務の高度化」(二〇%)「該当業務を非正規従業員に移行」(一九%)「応募者の質の低下」(一七%)も少なくなかった。

最初にあげられているのは景気要因で、この理由による採用の落ち込み分は、回復の可能性もあるだろう。しかし、構造的な変化から来る要因、すなわちより高学歴の者により代替して充当した場合や業務が高度化したため高卒向きの仕事ではなくなったり、非正規従業員に業務を移行した場合は、景気が回復しても高校生への求人は戻らないだろう。

構造にかかわる要因の中でも、新規学卒者全体の採用抑制にかかわる要因と、高卒についてのみにかかわる要因とがある。高学歴者への代替は、新規高卒者のみの問題だが、非正規雇用への代替は新規学卒採用全体にかかわる問題である。

少し前になるが、日経連は『新時代の日本的経営』(一九九五年)という本の中で、いわゆる日本的経営の今後のありかたとして、従来の長期雇用型の正社員に加えて、短期型の雇用形態である非正規社員を活用していく方向を示している。雇用のポートフォリオという考え方で、「長期蓄積能力活用型」「高度専門知識活用型」「雇用柔軟型」と雇用のタイプを分け、その組み合わせをそれぞれの企業に応じて工夫していくというものである。ここで言う「長期蓄積能力活用型」とは新規学卒採用で長期にわたり同一企業で就労するタイプを指し、これまでの日本型の雇用慣行に対応するものである。これに対して、「高度専門知識活用型」は高い技能を持った者を年俸制などにより一時的契約で雇用するタイプ、「雇用柔軟型」はパート・アルバイトなどの形態であまり高い技能を要しない仕事について、一時的に雇用するタイプである。変化の大きい先の見えにくい社会で経済活動を続けていくためには、雇用についても一定範囲の柔軟な部分が必要になる。それを織り込んだ雇用管理をしていこうという方向である。新規学卒正社員の厳選採用と非正規雇用の拡大が進む現在の状況をよく説明する考え方である。

新規学卒採用を限定的なものにしている要因は、他にもいくつか考えられる。一つは中途採用との競合である。高い失業率を背景に中途採用はしやすくなっているし、あるいは、中途採用なら新規学卒に比べて初期的な教育訓練が不要である。

これは、先の「応募者の質の低下」という指摘とつながっている。日経連タイムスの社説では「最も問題とすべきは、高卒就職者自身の就業意識が希薄で、加えて質的レベルが確実に低下していることである。企業側からは①一般常識②態度・マナー③コミュニケーション能力④基礎学力の順に不満が強く挙げられた。知らない、わからない、できない、読めない――といった現状の改善なくしては、高卒者採用の減少傾向に歯止めをかけること自体難しい」(二〇〇〇年二月一四日「主張」)と指摘している。無技能なだけでなく、常識やマナー、仕事への意欲を欠く若者たちを一人前の労働力にまで引き上げるのは容易なことではない。柔軟で訓練しやすい労働力という若者像はすでに崩れている。

6 若年失業とフリーター

こうした雇用慣行の変化を背景に、現在、わが国の若年者の失業状況は最悪の水準になっている。全体の失業率もこれまでにない高さで推移しているのだが、一五~二四歳層での最近の上昇は急激である。

失業している若者はどんな若者か。性・学歴別に検討してみよう。

学歴別の失業率は先にフリーターの学歴を検討する際に使った資料、「労働力調査特別調査」から計算できる。図表2―6に示すとおり、性別には一五~二四歳層では男性の失業率のほうが高く、二五~三四歳では女性のほうが高い。また、学歴別には、どちらの年齢層も男女に共通して、学歴が低いほど失業率が高い傾向にある。この集計表の前年、二〇〇〇年の調査では中学卒業学歴を別掲できるのだが、そこでは一五~二四歳の中学卒業学歴者は男女とも二〇%を超える高い失業率を示していた。特に若い年代で学歴が低いほど失業しやすい傾向は明らかである。

図表2-6　学歴別失業率

単位：万人、太字%

	男性			女性		
	就業者数	完全失業者数	**完全失業率**	就業者数	完全失業者数	**完全失業率**
15〜24歳（在学中を除く）	260	35	**11.9**	265	28	**9.6**
中学・高校	171	27	**13.6**	125	19	**13.2**
短大・高専	44	4	**8.3**	101	7	**6.5**
大学・大学院	45	4	**8.2**	38	1	**2.6**
25〜34歳（在学中を除く）	853	46	**5.1**	533	40	**7.0**
中学・高校	421	30	**6.7**	234	19	**7.5**
短大・高専	130	5	**3.7**	197	15	**7.1**
大学・大学院	302	10	**3.2**	101	6	**5.6**

注：完全失業率＝完全失業者数／（就業者数＋完全失業者数）
資料出所：総務省『労働力調査特別調査』2001年8月

一方、二五〜三四歳層の失業率は、若い層に比べて全体に低い。特に男性では大幅に下がっている。失業率は、より若い者、より学歴の低い者で高いといえる。

この構造は先に見たフリーターの特徴に非常に近い。異なっているのは一五〜二四歳において、失業率は男性で高く、パート・アルバイト比率は女性で高いことである。若い男性に比べて、若い女性の方がパート・アルバイトで就業する機会が多く、そのため、女性の失業率が低くなっていると解釈できる。失業か、パート・アルバイトか。新規学卒での就職口が大幅に狭められる中、若者は厳しい就業環境におかれている。とりわけ、学歴が低いほど、二〇代後半になっても正規雇用に移っていない者が多い。

若者の可塑性の高さや訓練可能性の高さを評価して、若者にチャンスを与えてきた労働市場が、むしろその職業能力の低さ、訓練の必要性の大きさにその入り口を閉ざしつつあるのではないか。

第三章　就職しない

1　決めることの先のばし

先の高校生調査では、フリーターになる高校生の約半数は最初は就職希望だった。逆に言えば、残りの半数は就職希望ではなかった生徒である。学校卒業時点での就職が非常に難しくなったことがフリーター増加の大きな理由だが、一方には、こうした労働市場の要因とは別のところでフリーターを選んでいく若者たちの心理がある。

調査対象になった高校生たちのこれまでの進路の希望を振り返って整理してみると（図表3―1）、就職希望と並んで、「迷っていた」や「考えていなかった」という回答をしていた者が多いことに気づく。卒業後の進路を考えてこなかった、あるいは決められなかったという生徒が、何も選ばな

図表3-1　フリーター予定の高校生の在学中の進路希望の変遷

（N＝822）単位：％

	就職希望	専門・各種進学希望	短大進学希望	大学進学希望	「迷っていた」または「考えていなかった」
3時点のいずれかで該当	**49.5**	**39.2**	**3.6**	**9.0**	**53.5**
高校1～2年の頃	25.2	25.2	2.6	6.9	32.8
高校３年の4～5月頃	33.7	20.3	1.6	2.9	28.1
高校３年の7～8月頃	30.3	14.5	0.7	1.8	27.0

資料出所：日本労働研究機構『高校生の進路決定に関する調査』2000年を再集計をした

い結果としてフリーターになっていくことは十分考えられる。

決められない結果としてフリーターになるケースは、就職希望からフリーターに変わった生徒の場合にもみられる。高卒就職では、九月はじめの就職試験の開始にあわせて、三年生の春から夏にかけて応募先を決めるプロセスが一斉に進む。図表３―２は、就職希望者のうち、このそれぞれの時期に求人票を見るとか先生と相談するとかいった進路を決めるための活動を「何もしなかった」という者の比率を示している。

内定を獲得した生徒では、七～八月、九～一〇月に「何もしなかった」者はほとんどいない。応募先を絞込み、企業見学をし、実際の就職試験を受けるのがこの時期で、まさに就職活動のピークである。未内定者のほうは、この時期も「何もしなかった」者が少なからずいる。特に就職活動をしないまま進路変更したケースでは、「何もしなかった」者が最も多い。何の活動もしなかったために、フリーターだけが残された進路だったとも言える。就職への意志がはっきりせず、迷っているうちに活動の時期が過ぎてしまいフリーターになるというプロセスは、自分の進路を「考えない」ままフリータ

図表3-2　就職希望の高校生で進路選択活動を「何もしなかった」割合

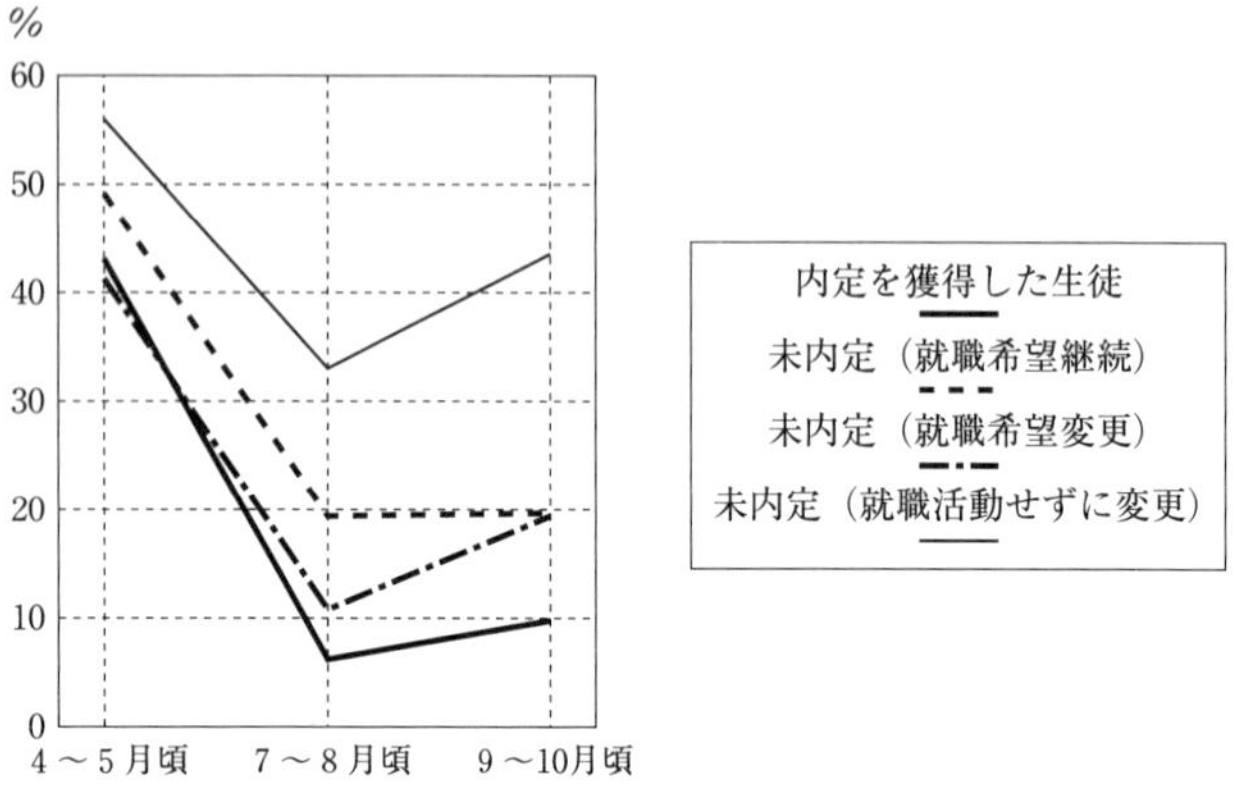

資料出所：日本労働研究機構『進路決定をめぐる高校生の意識と行動－高卒「フリーター」増加の実態と背景』(2000)

ーになっていく者とあまり違いはない。

進路選択のための活動を何もしないとか、進路を迷っていたとか、考えていたという者は専門学科の生徒より普通科の生徒に多い。この調査での普通科高校はすべて進路多様校といってよく、卒業者の進路はまさに多様である。四年制大学に進学した生徒もいれば、短大や専門学校、就職者、フリーターと先輩たちはいろいろな進路に進んでいる。これがもし、就職者が圧倒的に多い専門高校であったり四年制大学進学者がほとんどの進学校なら、卒業後の進路について本人が十分考えていなくとも、学校の進路指導や友人たちの動向など、周囲の大勢が一定の方向に向かっているために、進路が決まりやすい。しかし、多様な方向へ分岐する起点となる高校では、本人が決めなければならない。それが決められないことが、フリーターへの一つの動機になっていると考えられる。

さて、図表3―1に戻ると、フリーターになる者が特に多いのは、就職希望があった生徒と「考えていなかった」か「迷っていた」生徒だが、これに次いで多いのが専門学校希望の生徒である。これに対して、四年制大学や短大への進学を希望していた生徒がフリーターに進路変更することは少ない。

実は、専門学校希望者はフリーターに変わる以外に、四年制大学進学に変えたり就職に変えたりと進路希望が変わる者が少なくない。専門学校は入学試験のハードルが低い学校として認識されているために、とりあえずの希望先として考えやすいのかもしれない。

専門学校は別として、大学や短大への進学を希望する者とフリーターになろうとする者は早くから分離している可能性が高い。といっても、大学や短大卒業後にフリーターになる者は近年急激に増えている。この段階ではフリーターに変わらなくとも、進学先を卒業する段階でフリーターを選ぶことは十分あり得る。大学卒業者については、後の章で改めてとりあげたい。

2　「やりたいこと」へのこだわり

フリーターになる生徒の特徴を職業に関する意識から見てみよう。

ここでは、調査回答者を、高校三年一月段階での予定進路によって、「大学進学：決定」「大学進学：未定」「専門学校進学：決定」「専門学校進学：未定」「就職：内定あり」「就職：内定なし」

「まったく未定」「フリーター」の八つのグループにわける。その予定進路別に、就業意識・進路意識についての質問への回答を点数にしてそれぞれのグループの平均値を出した。その結果を比較したのが図表3―3である。

他の予定進路の生徒と比べてみると、フリーターになる予定の生徒は次の点で特徴的だといえる。すなわち、フリーター予定の生徒は「一つの仕事に限らずいろいろ経験したい」とか「自分に合わない仕事ならしたくない」、「有名になりたい」という気持ちが特に強いこと、一方、「安定した職業生活」や「人より高い収入」は望んでいないことである。また、八つの予定進路のうち「まったく未定」という者はフリーター予定者と非常に近い傾向がある。

「一つの仕事に限らずいろいろ経験したい」、「自分に合わない仕事ならしたくない」というのは、仕事に個性発揮を求める意識と、それがわからないからいろいろ経験したいという気持ちを示すものだろう。別の企画で、現役フリーターの人にインタビュー調査をしているが、そこでもフリーターになった動機として、「やりたいこと」があるからフリーターになったり、それを探すためにフリーターになったという回答が多かった（日本労働研究機構、二〇〇〇b）。

インタビューに応えた若者の四割までが「やりたいこと」という言葉を使って、フリーターになった理由を話し、あるいは他のフリーターについて評価した。「やりたいこと」があるフリーターは共感できる、いいフリーターであるが、それがなくてフリーターを続けるのは悪いフリーターであるといった、「やりたいこと」の有無でフリーターを二分する捉え方は多くの若者に共通して見

図表3-3　予定進路別の進路意識の違い

	1位	2位	3位	4位	5位	6位	7位	8位
一つの仕事にとどまらずいろいろな経験をしたい	**フリーター 3.22**	まったく未定 3.05	大学：未定 2.94	専門：未定 2.87	専門：決定 2.86	大学：決定 2.85	就職：内定あり 2.83	就職：内定なし 2.82
自分に合わない仕事ならしたくない	**フリーター 3.46**	大学：決定 3.35	専門：決定 3.34	大学：未定 3.34	まったく未定 3.33	専門：未定 3.28	就職：内定なし 3.26	就職：内定あり 3.19
有名になりたい	**フリーター 2.61**	専門：決定 2.61	大学：未定 2.55	専門：未定 2.55	まったく未定 2.54	就職：内定あり 2.50	大学：決定 2.50	就職：内定なし 2.41
あまりがんばって働かず、のんびりくらしたい	まったく未定 2.68	**フリーター 2.58**	就職：内定あり 2.56	専門：決定 2.51	大学：決定 2.50	大学：未定 2.50	専門：未定 2.48	就職：内定なし 2.39
将来の生活については考えていない	まったく未定 2.45	大学：未定 2.09	就職：内定あり 2.08	**フリーター 2.07**	専門：決定 2.06	大学：決定 2.01	専門：未定 1.98	就職：内定なし 1.96
専門的な知識や技術を磨きたい	専門：決定 3.80	専門：未定 3.68	大学：決定 3.54	大学：未定 3.53	就職：内定あり 3.34	**フリーター 3.21**	まったく未定 3.17	就職：内定なし 3.16
仕事以外に自分の生きがいをもちたい	大学：決定 3.63	就職：内定あり 3.60	大学：未定 3.57	専門：決定 3.56	専門・未定 3.56	**フリーター 3.54**	就職：内定なし 3.49	まったく未定 3.47
人よりも高い収入を得たい	就職：内定あり 3.21	大学：決定 3.19	まったく未定 3.18	専門：未定 3.18	大学：未定 3.18	専門：決定 3.15	**フリーター 3.07**	就職：内定なし 3.06
人の役に立つ仕事をしたい	専門：決定 3.27	大学：決定 3.25	専門：未定 3.20	就職：内定あり 3.18	大学：未定 3.17	就職：内定なし 3.08	**フリーター 2.93**	まったく未定 2.80
安定した職業生活を送りたい	大学：決定 3.62	就職：内定あり 3.62	専門：決定 3.52	就職：内定なし 3.52	専門：未定 3.52	大学：未定 3.45	まったく未定 3.33	**フリーター 3.28**

注：数値は各項目に関して「とてもそう思う」＝４点、「まあそう思う」＝３点、「あまりそう思わない」＝２点、「全然そう思わない」＝１点としてスコア化したものの平均点。

資料出所：日本労働研究機構『高校生の中に広がるフリーター予備軍－高校３年生の進路決定に関する調査より』2000年、新聞発表資料

られる。「やりたいこと」へのこだわりは、フリーターを選ぶ心理として重要なものだと思われる。

また、フリーター予定の生徒と「まったく未定」という生徒はよく似ている。この時期全く未定なら、そのまま就職も進学もすることなく卒業して、とりあえずアルバイトでもと、フリーターになる可能性は高いだろう。進路を決められないということは、フリーターになる大きな要因になっていることはここからも確かである。

ところで、彼らの言う「他にやりたいこと」というのはどんなことだろう。この高校生への調査では、具体的にその内容を書いてもらった。その結果を見ると、男子生徒と女子生徒では少し傾向が違って、男子の場合はバンドやダンスなど音楽系や、芸人・タレントなどの芸能系、ボクサー、レーサーなどのスポーツ系の活動を挙げる者が多い。女子生徒でも音楽系は多いが、そのほかの習い事や特定の勉強、あるいは職人的仕事のための修業などがあげられている。全般に男子の方が華やかな人気職業をあげていることが多く、女性の方にはもう少し地道な選択が混ざっているという印象である。

3　フリーターを選ぶ理由

なぜフリーターになるのかという質問への回答も、やはり「他にやりたいことがあるから」という答えが一番多い。図表3―4の左の数字は、フリーターになる予定の生徒に対して、フリーター

図表3-4　高校生がフリーターになる理由

単位：%、太字は実数

	最も大きな理由						複数回答
	全体	【性別】		【高校種別】			全体
		男子	女子	普通高校	商業高校	工業高校	
	100.0	100.0	100.0	100.0	100.0	100.0	
	773	**296**	**432**	**567**	**133**	**73**	**773**
他にやりたいことがある	22.8	28.7	18.8	21.9	24.8	26.0	33.8
自分に向いた仕事がわからない	14.9	17.9	12.7	14.8	16.5	12.3	38.3
進学する費用が高い	8.0	6.4	9.0	8.1	8.3	6.8	41.4
家庭の事情で進学できない	4.8	3.7	6.0	5.6	1.5	4.1	22.5
いい就職先がない	8.3	5.4	10.4	7.2	11.3	11.0	40.1
正社員で雇ってくれるところがない	3.0	1.4	4.2	2.5	5.3	2.7	12.4
正社員より時間の自由がある	6.2	4.1	7.4	6.0	9.0	2.7	42.8
正社員より人間関係が気楽	0.1	0.0	0.2	0.2	0.0	0.0	16.8
正社員より気軽に仕事を変われる	0.5	0.7	0.5	0.4	0.0	2.7	18.6
とりあえず収入が欲しい	6.3	5.1	7.2	8.5	0.0	1.4	43.1
正社員より収入がいい	0.5	0.7	0.5	0.4	0.8	1.4	9.1
進学するには成績が不十分	2.6	4.4	1.4	2.3	1.5	6.8	26.8
進学したくない	3.2	3.4	3.2	4.1	1.5	0.0	27.6
好きな仕事ならフリーターでもかまわない	7.2	4.1	9.3	6.9	10.5	4.1	33.2
身近にフリーターがいる	0.1	0.0	0.2	0.2	0.0	0.0	9.2
その他	5.8	6.4	6.0	5.5	6.8	6.8	4.7
無回答	5.6	7.8	3.0	5.6	2.3	11.0	1.0

資料出所：日本労働研究機構『高校生の進路決定に関する調査』2000年を再集計した

を選ぶ最も大きな理由を挙げてもらった結果である。一番は、「他にやりたいことがあるから」(二三%)、次が「どういう仕事が自分に向いているかわからないから」(一五%)で、まさに、これまで見てきた〈やりたいこと〉志向を示すものだ。このほかでは「進学の費用が高い」や「いい就職先がない」を挙げる者がそれぞれ八%ほどおり、やむを得ずフリーターを選択している者も少なくないことを示している。

この比率には男女でかなり違う傾向がある。男子では

〈やりたいこと〉を理由に挙げる者が女子より明らかに多い。これに対して女子では、「いい就職先がない」や「好きな仕事ならフリーターでもかまわない」を挙げる者が男子の二倍程度になっている。女子の方が卒業時点での就職がより難しく、そのためにやむを得ずフリーターを選ぶ比率が高いのだろう。第二章で、当初就職希望だった高校生が次第に進路希望を変えていく過程を見た。就職希望からフリーターに進路を変える比率は、三年生の各時点で就職希望があった者（男女計）の約四割だったが、男子だけでは三割、女子だけでは五割と、実は性別での違いが大きい数字である。女子の方が就職をあきらめてフリーターになる比率が高く、男子では就職希望から専門学校や各種学校への進学に切り替える者が多い。この表から見ても、「進学費用が高いから」フリーターになるという比率が高いのは女子である。男女では置かれている状況が大きく異なり、就職が難しいばかりでなく、進学への切り替えも難しいのが女子である。

さて、フリーターを選ぶ意識を理解するためには、一番大きな選択理由だけみていたのでは不十分である。むしろ、それぞれの心の状態からいえば、いくつかのことが頭にあってフリーターへの道を選んでいるほうが普通だろう。そこで、この質問では「いくつでも」選んでもらう形の複数回答での回答もお願いしている。その結果が右端の数字である。こういう形で質問すると、一つだけ選んだときには目立たなかった理由に多くの回答が集まっている。すなわち、「取りあえず収入がほしい」（四三％）「正社員より時間の自由がある」（四三％）等で、第一の理由には挙げられないが、複合的には多くの者が感じている理由である。

図表3-5　フリーターになる高校生のフリーター選択理由についての主成分分析結果

	第1成分	第2成分	第3成分	第4成分	第5成分
	自由気楽志向	進学費用	就職難	勉強嫌い	やりたいこと志向
正社員より気軽に仕事を変われる	0.756	0.001	0.105	0.005	0.146
正社員より人間関係が気楽	0.754	-0.024	-0.042	0.064	0.186
正社員より時間の自由がある	0.678	0.030	0.000	0.234	-0.053
正社員より収入がいい	0.505	0.062	0.030	0.187	-0.194
とりあえず収入が欲しい	0.414	-0.015	0.374	0.095	-0.115
家庭の事情で進学できない	-0.032	0.845	0.005	0.007	-0.031
進学する費用が高い	0.075	0.840	0.025	-0.026	0.044
いい就職先がない	0.065	0.043	0.739	0.161	0.022
正社員で雇ってくれるところがない	0.015	0.015	0.719	-0.102	0.057
進学したくない	0.152	-0.200	0.069	0.720	-0.125
進学するには成績が不十分	0.034	0.045	-0.046	0.605	0.312
好きな仕事ならフリーターでもかまわない	0.139	0.094	0.281	0.512	-0.170
身近にフリーターがいる	0.212	0.042	-0.066	0.415	0.201
自分に向いた仕事がわからない	0.081	0.073	-0.026	0.066	0.821
他にやりたいことがある	0.086	0.134	-0.435	-0.059	-0.517
分散	2.140	1.503	1.498	1.468	1.240
説明率	0.143	0.100	0.100	0.098	0.083

バリマックス回転法
資料出所：日本労働研究機構『高校生の進路決定に関する調査』2000年を再集計した

この輻輳した心理を捉えるために、ここでは、複数回答の質問で理由として挙げた一五項目に対して主成分分析（バリマックス回転法）を行なってみた。この分析方法では、一五の理由を、その回答の相互の結びつきからいくつかの主だった成分にまとめることができる。ここから、高校生がなぜフリーターを志向するのか、彼らの考え方がいくつかの軸として捉えられる。

図表3―5がその結果であるが、ここから五つの主な成分（固有値一・〇以上）が抽出できる。

第一の成分は「フリーターの

方が正社員より気軽に仕事が変われるから」「フリーターの方が正社員より人間関係が気楽だから」「フリーターの方が正社員より時間の自由があるから」「フリーターの方が正社員より収入がいい」「とりあえず収入がほしい」の五項目で一つのまとまりとなっている。上位の項目の方に注目して、これを「自由・気楽志向」の軸と呼ぶことにする。

第二成分は「家庭の事情で進学できないから」「進学する費用が高いから」で、進学したいが学費の高さが障壁になっているということで、「進学費用」の軸と言っていいだろう。

第三成分は「いい就職先がないから」「正社員として雇ってくれるところがないから」がひとまとまりとなるもので、「就職難」の軸といえる。

第四は「進学したくないから」「進学するには成績が不十分だから」と「好きな仕事ならフリーターでもかまわないから」「身近にフリーターがいるから」で、学費の問題に関わりなく進学を希望しない気持ちであり、また、フリーターへの親近感を示している。ここでは、上位の方に注目して「勉強嫌い」の軸と名づけることにする。

第五は「どういう仕事が自分に向いているのかわからないから」の値が高い。一方、最も大きな理由としては多くの生徒が挙げた「他にやりたいことがあるから」は、この分析では表面にでてきていない。ただし、この項目は第五成分に対しては強いマイナスの相関を示しており、この軸の裏面にあるということだろう。すなわち、第五成分は、「やりたいことがわからない」のか「やりたいことがある」かの軸ということで、「やりたいこと志向」といえる。

高校生がフリーターを志向する理由は、本人の意識に沿ってみていけば、「自由・気楽志向」「進学費用」「就職難」「勉強嫌い」「やりたいこと志向」の五つの軸に整理できる。

4　自由な時間と気楽な人間関係

この五つのうち心理的な側面としては、「自由・気楽志向」と「やりたいこと志向」に注目したい。「やりたいこと志向」については、フリーターの理由として本人が最もよく語るものであり、この章でもすでに見てきた。これに対して、「自由・気楽志向」のほうは、本人がよく語る理由ではないが、しかし、多くのフリーターになる高校生たちが共通して感じている理由である。フリーターを選ぶ生徒たちの意識を特徴づける軸として、第一に挙がってくるこの理由は、フリーターを選ぶ心理の中の無視できない重要な要因を示している。

「自由・気楽志向」の特徴を見るために、いくつかの調査項目への回答別に成分得点を計算してみた。この数値が回答により大きく違っていれば、その質問項目は「自由・気楽志向」と関係があるということで、さらに、どういう回答の者が「自由・気楽志向」が強いかもわかる。その結果のいくつかを簡単に紹介する。

まず、関連があったのはフリーターをどう捉えているかである。フリーターについて、「自分探しのためにはいいことだ」「そのうちきちんとした仕事に就く人が多いのでたいした問題ではない」

「夢を実現するためにフリーターをしている人はかっこいい」とする文章に「そう思う」と答えた生徒では、この志向の成分得点が高かった。つまり、フリーターを特に肯定的に捉えている者が自由で気楽な働き方であることを理由にフリーターを志向しているわけである。

あるいは、将来の働き方の希望でも違いがあった。すなわち、二〇代後半までという比較的長い期間フリーターを続けるつもりの者、三〇歳頃には、「パート・アルバイトで働きたい」あるいは「仕事はしたくない」と思っている者でこの志向の成分得点が高い。特に女子ではこの傾向が強い。

また、在学中のアルバイトの状況とも関係があった。在学中の週平均アルバイト時間が長い者、さらにアルバイトの感想として「卒業後にアルバイトで生活する自信がついた」とか「正社員はつまらないと思った」という者でもこの志向の成分得点は高かった。正社員に比べて自由で気楽であるという実感があるのだろう。

こうしてみると、「自由・気楽」な働き方としてフリーターを選ぶ意識は、フリーターを肯定的に捉えると同時に、正社員をあるいは働くことそのものを忌避する傾向につながっている。私は、この傾向は正社員としての責任、あるいは、一人前の職業人として社会的役割を負っていくことを避ける意識だろうと思う。ずっと避け続けるというより、先のばしするということで、時間の自由があり、人間関係が気楽で、気軽に関係を変えられる、そうした状況をしばらく続けたいということだろう。

そして、この志向は女子に強い。現実に、この高校生の母親たちにあたる多くの中年女性が家庭責任をかかえつつパートタイム労働に従事している。多くの中年女性たちが、低い賃金で小さい責任の仕事をこなす生活をしていることを考えれば、「自由・気楽」を理由にフリーターになるという選択は、ありそうな将来を非常に的確に映したものともいえる。もちろん、多くの高校生たちにとって、母親とか主婦の役割を負うことはまだ考えてもいない先の状況である。しかし、職業人として一人前の役割を負っていくことを先のばしするには、わかりやすい理屈である。「別にキャリアウーマンになろうとは思っていないから」「結婚すれば仕事を辞めるのだし、むしろ好きなことやっていたほうがいい」と自分を納得させることも容易だ。

一人前の職業人となり親から経済的に自立をしていくことと、結婚後の夫への経済的依存・性別役割分業とは異なる問題だと思うが、個人の中では連続している。フリーターになる意識を理解するためには、ジェンダーの視点は欠かせない。中年期になれば性別に就業形態が大きく異なる現状ゆえに、若い女性たちはフリーターを選択することに抵抗感が少ない。自由で気楽な働き方を選び、職業人として社会を構成する大人になることを忌避することにも正当性を見出してしまう。

では、若い男性はどうか。ジェンダー的には男性は職業人として家計を支える役割を負わなければならず「自由・気楽」なフリーターは否定される。実際、「自由・気楽」を理由に挙げる生徒は男子の中にもいるものの女子よりは少ない。女子よりは抵抗感があるし、その理屈の正当性も見出しにくいということだろう。そこで、男子の場合は「やりたいこと志向」の方が前面にでている。ただし、「やりたいこと」がわからないからという者が多いし、〈やりたいこと〉の中身が音楽をはじめ芸術・芸能系であることが非常に多い。華やかな人気職業にあこがれる気持ちは、むしろ幼さなのだろうか。そうでないとしても、職業人として一人前になるという自立の方向とは異なると思われる。

5　進学費用をまかなえない家計

フリーター選択の背景には「進学費用」の問題もあった。これは本人の意識以外の問題だが、ここで触れておきたい。図表3―4にみるように、最大の理由として「進学費用の高さ」を挙げる者は八%程度だが、当てはまる理由をすべて選ぶ形式の質問にすると、四一%にもなっている。進学費用をまかなえる家計か否かという問題も、フリーターになるかならないかを分ける大きな要素になっていることは間違いない。

第二章では、当初就職希望だった生徒が就職を断念したときに、四割がフリーターに変更していることを指摘した（図表2―2）。それ以外の変更先は、専修学校・各種学校（進学決定も未定も含めて）が三割程度、大学・短大が十数%で、進学に変更している者は多い。むしろ、就職ができないときにフリーターに進路変更するのは、費用の問題から進学をあきらめざるを得ないケースが多いのだろう。これには、さらにジェンダーが絡む。すなわち、就職を断念したとき、女子ではフリーターに変更した者が五割なのに対して、男子では三割にとどまる。女子の場合、就職を断念すると半数はフリーターにならざるを得ないのだろう。親の期待は子どもの性別によって違って現れるし、本人の意識にもそれは反映される。以下に、フリーターへの道を決めた女子高生たちが自由記入欄に書いた言葉を紹介する。その気持ちを考えると、進学費用の壁を超えるための支援がどうしても必要だと思う。

◈専門学校の推薦に落ちてちがう専門に行こうとしたら、お金が足りなくて親にフリーターをすすめられました。国からの奨学金などをもう少し取り入れてもらって、お金がなくとも何とかいけるようにしてほしい。今まで勉強がんばってきたのにすごくツライ。（普通高校卒業予定・女子）

◈フリーターに決まった今でも専門学校に進みたくて諦めがつかないのでがんばってお金をためる。（普通高校卒業予定・女子）

フリーター本人へのヒアリング調査でも、専門学校等への進学費用を稼ぐために、期間限定でフリーターをしているという若者たちに出会った。フリーターにならざるを得ない状況から、むしろ自分の手で未来を切り開くべくフリーターを選んでいる若者たちもいる。フリーターを選択する高校生の背景には、いくつもの理由が絡み、個々の若者はその一面しか語らない。単純な切り口では理解しきれない、幾重かに重なった理由からのフリーター選択なのである。

6 フリーターを選ぶ高校生の生活

高校生がフリーターを選ぶ意識を理解するために、さらに、フリーターになる予定の生徒たちの高校時代の生活についてみてみる。調査では、学校内外の生活の状況を把握する項目として、学業成績、三年生になってからの欠席の回数、部活動への参加状況、在学中のアルバイトの状況等を採り上げている。図表3―6は、それぞれの項目について、フリーターになる予定の生徒と回答した生徒全体の傾向を比較したものである。まず、フリーター予定者の特徴として、他の生徒より欠席が多く成績の自己評価が低いということが指摘できる。

成績や出席状況が悪いと、今の高校での就職斡旋システムでは採用試験に応募することも難しい。今、高校生への求人は九二年の七分の一にまで減っていて、学校で求人票を開示する七月時点での求人倍率は〇・五〇倍（二〇〇二年）と応募すらできない生徒が出る状況になっている。先に述べたように、フリーター予定者の半分は当初就職希望を持っていた。厳しい就職の現実の前に、自分の就職可能性を低く見積もってフリーターへと進路希望を変える生徒は少なくない。本人の意識から探ると、「やりたいこと」へのこだわりや「自由・気楽」な働き方を求める気持ちが前面に出ているが、背後には新規学卒で就職することが非常に難しくなっているという現実がある。

一方、図表3―6からは、部活には参加せず、多くの時間をアルバイトに費やす高校生たちが見

図表3-6　フリーター予定者の特徴

単位：%、太字は実数

【クラス内成績】（自己申告）	上のほう	やや上のほう	真ん中あたり	やや下のほう	下のほう	無回答	合計	**実数**
回答者全体	14.8	20.3	28.0	17.4	16.2	3.3	100.0	**6855**
フリーター予定者	6.4	9.9	21.3	24.0	33.8	4.6	100.0	**822**
【欠席日数】	10日以下	11日～20日		21日以上		無回答	合計	
回答者全体	71.9	14.0		10.2		3.9	100.0	**6855**
フリーター予定者	47.8	23.5		24.2		4.5	100.0	**822**
【部活動】	参加した		参加しない		無回答		合計	
回答者全体	42.5		54.6		2.9		100.0	**6855**
フリーター予定者	25.2		70.9		3.9		100.0	**822**
【アルバイト経験】	アルバイト経験者比率			長期休暇中以外のアルバイト経験者比率			全体	
回答者全体	81.9			64.9			100.0	**6855**
フリーター予定者	90.1			76.6			100.0	**822**

資料出所：図表3－3に同じ

える。この調査の対象者では、全体でも八割がアルバイト経験があるが、フリーター予定の生徒に限ればさらに多く九割に達している。それも、夏休み等の間というのでなく、平常に授業がある期間にしている者が多い。その労働時間を具体的にみれば、週四～五日、一日四～五時間、週二〇時間近く働いている。

在学中にアルバイトをするかどうかは、地域によっても違うだろうし、学校によっても異なるだろう。すなわち郡部ではアルバイトの雇用機会自体が少ないだろうし、進学者がほとんどの進学校でもアルバイトをする者は少ないだろう。この調査は進学校を除いた首都圏の高校を対象に行なっているため、高校生全体の平均よりアルバイト経験者は多くなっていると思われる。そのなかでも、とりわけアルバイトに熱心な層がフリーターになるつもりの生徒の多くを占めている。

週二〇時間も働いている高校生は、見方を変えれば、週二〇時間働くパートタイム労働者である。その分生活の実態としては欠席や遅刻が多く、高校生の方もパートタイムでしている「パートタイム高校生」と言っていいかもしれない。そして、高校生の部分が卒業によってなくなれば、パートタイム労働者の部分が残ってごく自然にフリーターになる。すでにパートタイム労働者であっただけにフリーターへの抵抗感は小さい。実際、アルバイト経験によってどんなことを感じたかを別の質問で尋ねると、フリーターになる予定の生徒では「卒業後にアルバイトで生活する自信がついた」という感想を持つ者が三割を超え、アルバイト経験はフリーター選択を促進する要因にもなっている。アルバイト経験そのものは、全体としては、仕事の世界への理解を深め、将来のことを考えるきっかけになるなど職業意識の啓発につながる部分が多いのだが、フリーターを選ぶ生徒では、こうした傾向に加えてアルバイト経験がフリーター生活への自信につながっているのである。

高校生がアルバイトでする仕事は限られている。企業が高校生に任せる仕事はどう考えても一定範囲だろう。責任の少ない定型的な仕事で、すぐできる仕事。多くはコンビニ、ファーストフード等の販売やファミレス等のサービスの仕事である。雇う側では担当する仕事の範囲は教育するだろうが、企業の全容や全体の仕事の流れなどを教えることに時間をとったりはしないだろう。高校生のアルバイトの仕事を通して職業について知るといっても、実はそのごくごく一部しかみていない。何も知らないより少しでも知っていた方がいいという側面もあるが、ごく一部の知識で知ったつもりになるマイナスもある。正社員はつまらないという感想につながったり、正社員は休めないからと責任を負うことのつらさだけをわかったつもりになったりする。アルバイトで職場をかいま見ている高校生の方がよりフリーターを選びがちなのは、そうした一面の知識を持ってるからだろう。「自由で気楽」なアルバイトと「不自由で大変な」正社員という構図で職業の世界が理解されがちである。

また、高校生とはいえ、かれらのアルバイト収入は労働時間に応じて月五万円前後にはなっているだろう。少なくない可処分所得を持つかれらは、街の若者文化を担っている若者たちでもある。学校は欠席や遅刻が多く学校にうまく適応していない面があるが、その分、街の文化には適応し、その発信者となっている者もいる。彼らが自分の将来の方向を、街の若者文化の中に重ねるのもごく自然な流れで、「やりたいこと」として、ダンスやバンドなど若者文化の担い手となることを挙げる者が多いのはふしぎではない。

このようなアルバイトをごく日常的にする高校生は、とりわけ都市部の非進学校に多い。人口が集積した都市部では高校の階層化が進んでいることが多く、そこで一定層の高校では日常的にアルバイトをする高校生が集中している。在学中のアルバイトとフリーター選択の間にはこうしたつながりがあると思われる。

第四章　大卒フリーターと正社員への移行

1　大卒無業・フリーターの増加

大学生でも、卒業時点で就職も進学もしない無業者が増加している。急増しはじめたのは一九九〇年代初めの景気後退期である。文部省『学校基本調査』によれば四年制大学卒業時点での無業者は、一九九二年三月卒の二万五千人から、二〇〇二年の一二万人へと約五倍、一〇万人近い増加になった。

無業者増加の背景要因として、まず、考えられるのは新規大卒者への労働力需要の低下である。確かに、就職者数は三五万人から三一万人へと四万人減少した。大卒者への労働力需要の低下は明らかだが、しかし、高校生の場合の求人の減少、就職者の減少に比べればわずかな減少であるとさえ見える。むしろ、大卒者の場合大きいのは、供給量の増加である。大学進学者は増加の一途をたどり、その結果として卒業者は大幅に増えた。九二年の四年制大学卒業者数は四四万人、二〇〇二年にはこれが五五万人と一一万人も増加している。大学卒の無業・フリーターの増加の背景には、大卒労働力の供給過剰がある。

無業者と並んで、大学卒業時点での進路でこの間増えたのは、大学院進学者である。大学院進学者の増加には、より高い専門教育への産業界のニーズもあったろうが、同時に、無業者の増加と同じ要因、すなわち卒業者が増える一方、労働力への需要は小さくなったという「就職難」の事態があろう。とりあえず大学院に進学するという選択は、さらに、その修了時の就職問題につながりかねない。

より長く教育にとどまり労働力として市場に出る時期を遅らせるというだけでは、循環的な景気の回復を待つ意味合いはあっても、基本的には問題の先のばしに過ぎない。労働力需要にみあうだけの能力を高等教育が付与することができるのかが重要な論点だろう。

2　正社員への移行

さて、大学卒無業者は、九〇年代に入って大幅に増えたのだが、第一章で見たとおり、フリーターに占める大卒者の比率で見ると、卒業時の無業が急増しているほどには、増えていない。ここからおそらく、大卒者のほうがフリーターになったとしても短期のうちにフリーターをやめている可能性があると指摘した。

卒業時に無業やアルバイト・パートなどに就いた者は、その後、どの程度正社員になっているのだろうか。この章ではこの点を明らかにしたい。これを知るためには、卒業時点の進路がわかる卒業生に対して、一定期間経過後の就業状況を尋ねるタイプの調査が必要である。そうした調査はそれほど多くないのだが、いくつかの調査がある。

まず、高校生については、卒業一年後と三年後の状況を二〇〇〇年に文部省が調査している。調査対象は、高校卒業時に就職も進学もしなかった卒業生二〇〇〇名弱で（協力四〇〇校で各校二～三名）で、九二四人の回答を得ている。この結果を見ると、卒業一年後には「定職に就いている」者が二五％で、アルバイト・パートが五七％であり（他は無職一〇％、在学中・進学準備五％、派遣業他三％）、卒業三年後になると、「定職に就いている」が四三％、アルバイト・パートが三九％（無職一一％、在学中・進学準備五％、派遣業他二％）と、最初はアルバイト・パートが多いが、次第に定職に就いていっていることがわかる。

このほか、日本労働研究機構が一九八八年の高校卒業者に対して卒業三年目（二年八ヵ月後）に行なった調査では、卒業時にパート・アルバイト・臨時で雇用されていた者のうち約三割が正社員になっていた。

高卒者の場合、三年程度で三～四割が正社員に移行していることが考えられる。

大卒者についてはどうか。これについては、日本労働研究機構で一九九五年四年制大学卒業者を対象に、卒業四年目（三年八ヵ月後）の調査を行なっている[1]。これによれば、大学卒業時点で無業や非正社員であった者のうち、男性ではおよそ三分の二が、女性では半数が正社員に変わっていた。調査時点・卒業時点が異なり、また、卒業からの期間も異なるので一概にどちらが多く正社員になっているとは言えないが、大卒男性では正社員に変わった者が多いという印象を受ける。

正社員への移行の問題を含め、この章では大学卒業者に焦点を絞って、大卒者がフリーターになるプロセスと、その後離脱して正社員に変わっていくプロセスを明らかにしていきたい。

3　無業・フリーターと大学属性

ここでは、先にあげた日本労働研究機構の大卒者調査を用いる。この調査は、一九九五年の大卒者約一二、〇〇〇名を対象に一九九九年初めに実施した。有効回答数は三、四二一票、回収率は三〇%であった。

卒業から一ヵ月以内の就業状況をみると、正社員になっている者が約六割で、無業及びアルバイト、パートタイマー、契約社員などの非正社員が合計で約二割に達していた（図表4―1）。残りの多くは、大学院やそのほかの学校への進学者である。この進路の状況は、文部省統計で確認されるものとほぼ重なる。

図表4-1　1995年大学卒業者の卒業直後の就業状況

単位：%、ただし太字は実数

	計	男	女
合計	100.0	100.0	100.0
実数	**3421**	**1808**	**1613**
正社員	60.2	61.2	59.2
自営	1.4	0.8	2.1
大学院進学	12.0	15.8	7.8
他の学校	3.0	2.6	3.5
非正社員	11.5	9.3	13.9
無業	9.4	7.9	11.0
その他・無回答・不明	2.4	2.4	2.4

注：卒業1ヵ月以内の状況

資料出所：日本労働研究機構『日欧の大学と職業－高等教育と職業に関する12カ国比較調査より』2001年

図表4-2　卒業直後の無業及び非正社員就業率

（国内・学部類型＋大学所在地＋設置者・難易度別）

単位：%

		男性	女性
合計		17.2	25.0
学部類型	人文系	25.0	27.5
	法学系	22.7	18.6
	経済商学系	17.8	22.2
	他の社会科学	23.3	32.8
	理学系	9.6	25.0
	工学系	6.5	4.9
	農学系	8.1	20.0
	保健医療系	30.4	18.8
	家政系	—	18.2
	芸術系	38.5	38.3
	教育系	26.0	32.3
	その他	19.4	26.8

		男性	女性
大学所在地	北海道・東北	22.8	38.7
	関東	13.8	19.3
	中部	15.4	20.9
	関西	18.0	25.1
	中国・四国	16.9	26.3
	九州・沖縄	18.1	27.3
設置者・難易度別	国立	12.7	20.7
	公立	15.5	37.3
	私立1	13.4	18.3
	私立2	23.1	18.9
	私立3	18.8	27.5
	私立4	24.3	40.0

資料出所：日本労働研究機構『日欧の大学と職業－高等教育と職業に関する12カ国比較調査結果』2001年

　ここでは無業と非正社員に注目し、誰が卒業直後に無業または非正社員になっているのかを見てみよう。まず、性別では女性が多く、「無業＋非正社員」の比率は二五％になっている。出身大学の違いはどうだろう。大学の学部系統、所在地、設置者・入学難易度別に、卒業直後の「無業＋非正社員」比率をみると（図表4―2）、学部系統による違いが最も大きい。「非正社員就業＋無業」の比率が高いのは、男女とも「芸術系」「教育系」「人文系」で、加えて、男性の「保健医療系」や女性の「他の社会科学」も高い。このうち男性の「保健医療系」は研修医のケースで、一時的かつパートタイムで医師を勤めるとここでいう非正社員にあたる。

　逆にこの比率が低いのは、「工学系」で男性ではその他の理科系学部もおしなべて低い。また、文科系では男性の「経済商学系」、女性では「法学系」が低い。民間企業の需要が強い専攻では、やはり無業や非正社員にはあまりなっていない。

　大学の所在地別の違いもある。北海道・東北地方の大学卒業者では無業や非正社員になる者が多い。特に女性では四割近い数字になっている。これに比べて低いのは関東地方や中部地方である。北海道・東北地方と関東や中部地方とを比べると、北海道・東北地方は地域経済の状況も悪いし、大卒を採用する企業も少ない。大卒は地方の事業所単位の採用でなく本社採用が一般的だといわれるが、それでも、地方大学には地元志向の強い学生が多くいることもあり、地域経済の影響は大きい。地方大学卒業者は、少子化・長子化する中で、ますます地域移動を避ける傾向が強くなっているのだろう。新規大卒者の労働市場も、高卒者ほどではないにしろ、地域により分断されている側面がある。

大学の入学難易度、いわゆる偏差値レベルでの違いはあるのだろうか。ここでは、まず大学設置に注目して国立と公立を取り出し、次に入学難易度の高い方から「私立一」～「私立四」と大学を四つの群に分けた。「無業＋非正社員」の比率をこの枠組みで見ると、男性では「私立四」「私立二」で、女性では「私立四」「公立」「私立三」で無業や非正社員の者の比率が高い。公立はサンプルとなった学校数が少ない上にそこに芸術系の学校が含まれており、その学部系統の影響が強く出ている可能性が高い。これを除けば、私立の相対的に入学難易度が低い大学に「無業」や「非正社員」が出やすい傾向が指摘できる。

このような性と出身大学の属性による違いには、労働力需要側すなわち企業の選好が大きく影響していると考えられる。高校生がフリーターになる背景として、就職できないという要因の大きさを指摘したが、大卒でも同様に、就職の難しさがフリーター増加の背景にあることは間違いないだろう。

4　無業・フリーターと就職活動

しかし、一方、高卒者でも本人の意識・行動の問題もあった。最近の大学生には就職活動もしない学生が増えていると聞く。本人の側の問題はどうなのか。

現在の大学生の就職活動は、高校生とは異なり、自由応募が基本になっている。かつては今の高校生のように、大学新卒者への求人も大学経由で行なわれることが一般的だった。採用対象を特定の大学卒業者にしぼる指定校制が広く行なわれ、学校推薦枠があり事前に大学側で応募者を絞り込むことも普通に行なわれていた。応募に学校推薦を必要としない自由応募は、一九七〇年代に始まる。大学卒業予定者向けの求人情報誌が創刊され、大学を経ずに求人情報が学生に届くようになり、自由応募市場が次第に拡大していった。現在、文科系の学生の就職は基本的には自由応募による。理科系の学生の場合、教授や研究室推薦で応募する場合も多いが、自由応募の機会も相当に広がっており、自由応募で就職する比率は年々高まっている。

自由応募を基本とする就職活動では、本人の行動が就職の成否を決める大きな要素になる。卒業直後に無業やフリーターになる場合と正社員になる場合とでは、本人の就職活動のレベルに違いがあるのではないだろうか。

そこで、就職活動をしたかどうか、就職活動をした場合、民間企業に応募したのか、公務員・教員試験か、民間企業の場合の活動開始時期や応募会社数は違うのか、といった点について正社員就職者と無業やフリーターになった者を比べた。なお、ここでは、正社員を雇用期限に定めのないフルタイムの雇用者を指す言葉として用いる。したがって、民間就職者も公務員就職者も含まれる。

図表4―3のとおり、正社員になった者ではほとんどが就職活動をしているのに対し、無業や非正社員になった者の場合は「しなかった」とする割合が高く、無業の男性で三一%、女性で二三%、

図表4-3　大学卒業時の就業状況と就職活動

単位：%、ただし太字は実数

	正社員	非正社員	無業
男計	100.0	100.0	100.0
	1106	**169**	**142**
就職活動をした	94.8	82.2	69.0
しなかった	5.1	16.6	31.0
無回答	0.2	1.2	0.0
女計	100.0	100.0	100.0
	955	**225**	**178**
就職活動をした	95.4	83.1	77.0
しなかった	4.4	16.0	22.5
無回答	0.2	0.9	0.6

資料出所：図表4－1に同じ

非正社員の男性で一七%、女性で一六%に達する。最近では、就職活動をしない大学生が増えたと言われているが、この調査からも就職活動をしないことから無業や非正社員になる者が少なくないことがうかがわれる。

一方、就職活動を行なった者を一〇〇として、そのうちどのくらいの割合が無業や非正社員になったかを見ると、男性で一七%、女性で二四%を占めた。就職活動をしても成功しなかった者が少なからずいて、特に女性の方が活動をしても不成功だった比率が高い。不成功の背景の一つは、厳しい就職環境があるのは間違いない。では、それ以外に、就職活動の内容面での違いがあるのだろうか。

正社員になった者と無業や非正社員になった者の就職活動の違いを見てみよう。まず、就職に当たって民間企業を志向したのか、公務員や教員を志望したのかの違いがあった。正社員の職を得た場合は、民間企業に絞った活動をした者が多く、無業や非正社員では公務員や教員に絞った者が多い。さらに、無業の場合は両方を受けていた者も多い。昨今の公務

図表4-4　大学卒業時の就業状況と就職活動開始時期、接触会社数、活動期間（国内・平均値）

	就職活動開始月＝卒業〇ヵ月前			接触した会社数＝〇社			就職活動期間＝〇ヵ月		
	男女計	男	女	男女計	男	女	男女計	男	女
合計	11.4	11.3	11.4	20.0	20.7	19.2	6.1	5.8	6.5
正社員	11.5	11.3	11.7	21.5	21.3	20.1	5.2	5.0	5.4
非正社員	11.1	11.4	11.0	16.2	16.5	16.0	8.1	8.2	7.9
無業	10.5	10.7	10.4	17.3	18.2	15.7	11.6	11.0	12.1

資料出所：図表4－1に同じ

員試験や教員採用試験は合格率が非常に低く、狭き門になっているが、こうした状況が就職が決まらない背景にはある。受験機会が限られているだけに再受験を希望するなら、一年待つ、すなわち無業やアルバイト・パートに就いて次の試験を待つ者もでてくる。

民間企業を受けた場合の違いを見ると（図表4―4）、接触した会社数が正社員になった者と無業や非正社員になった者では異なる。接触会社数は就職活動への積極性を表す指標という面があるだろう。正社員の職を得た者では五ヵ月ほどの就職活動期間に二一社と接触しているのに対して、無業や非正社員になった者では八ヵ月から一二ヵ月の期間をかけても一六～一七社に接触しているにすぎない。就職活動への積極性のレベルが違うと言えるだろう。

さらに、就職のために行なった活動の種類で違いが大きくなる（図表4―5）。正社員になった者に比べて、「求人票・情報誌を見て応募した」という比率が低いほか、「大学の就職指導部等を利用した」や「大学の先生に相談した」という者も少ない。大学組織の情報収集や相談の機会を十分利用していないことがうかがわれる。特に、無業になった者では「公共職業紹介を利用した」と男性の「個人的つてを利用」以外のどの項目でも、比率が低くなっている。就職活動の積極性の面でやはり違いがあるのだろう。公共職業紹介は、内定がなかなか得られなかったり、他のルートでの就職情報が十分得られない時に利用されることが多く、ある意味、最後の手段的な位置づけになっている。活動開始当初に比較的積極的に活動していなかった者が、なかなか内定が得られないために、公共機関を通じた情報収集を行なうようになったということだろう。

正社員になるか、無業や非正社員になるかに、本人の就職活動の積極性が大きく関わることは確認できた。大学生の就職活動は自由応募を基本とするだけに、やはり、本人がどれだけ動いたかという就職への意欲が、就職先を決められるかどうかを大きく左右している。

図表4-5　卒業時の状況別行った就職活動

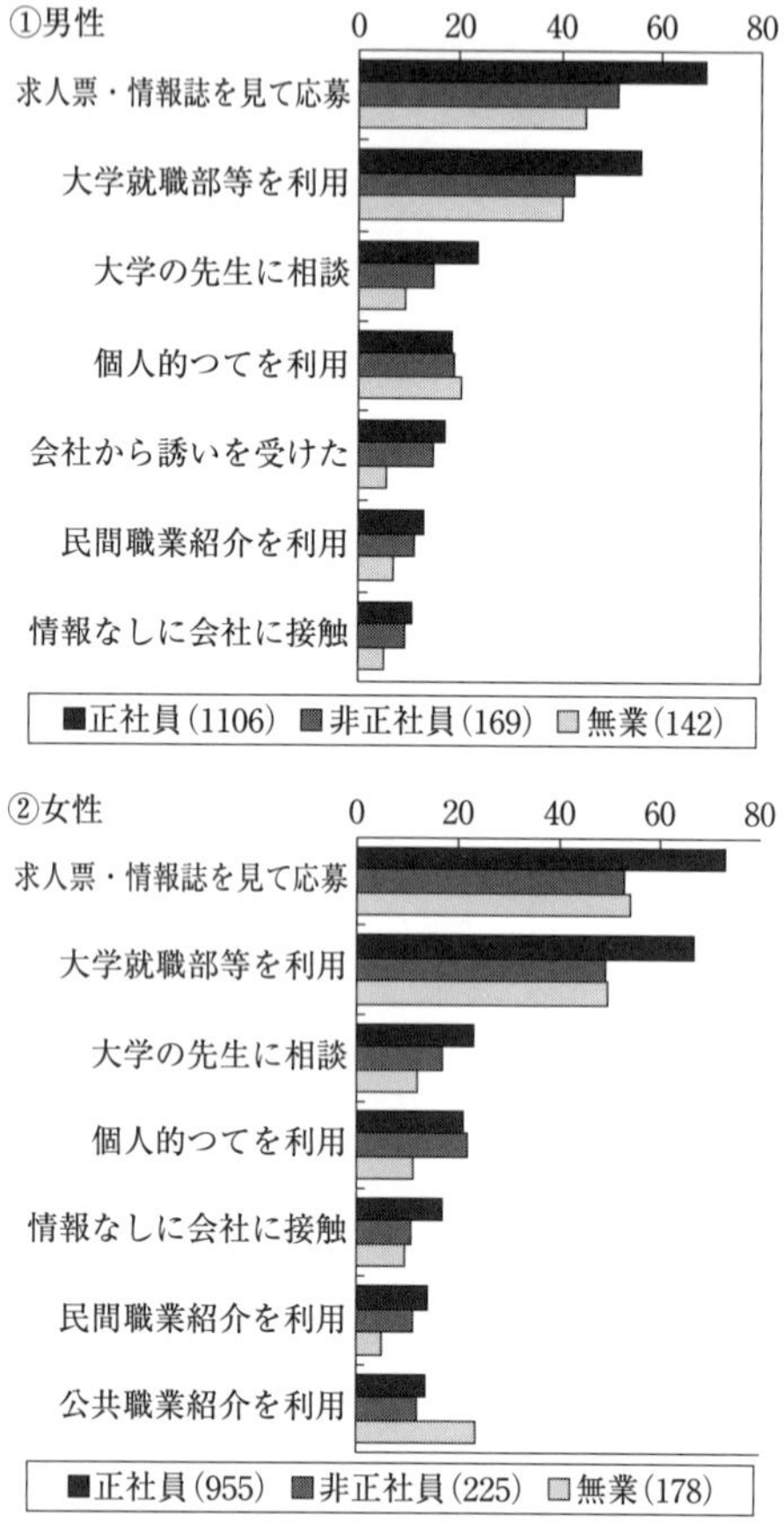

その意欲を持てるか、持ちつづけられるかに関わるのが、意識の問題だろう。背後にある意識状況については、この調査では尋ねていない。先に挙げたフリーターへのヒアリング調査の結果を思い起こすなら、就職活動をしないケースには、何になったらいいかわからないという選択の先のばしという側面と、企業に就職する以外の道に夢を求めているケースがあることは間違いないだろう。この心理は高卒者にも大卒者にも共通する。

また、自由応募という個人の責任での活動が採用・応募の中心になっている現状であるがゆえに、意識の問題が大きく就職を左右することになっているわけだが、さらにそれに拍車をかけているのが昨今のインターネットを使った就職活動である。

5　インターネット時代の落とし穴

この調査を行なった一九九八—九九年段階ではそれほど活用されていなかったが、現在では就職活動に広く利用されるようになったのがインターネットである。まず、各企業のホームページから企業情報を得、会社説明会の開催などの採用情報を得ることは、企業に接触する前の情報収集として欠かせない。多くの学生は、それ以前に、就職情報を提供するサイトに登録して、採用情報や各企業ホームページについての提供を受けている。登録をしておけば、自分から探さなくとも情報が送られてくる。

こうして収集した情報をもとに学生は応募先企業を決め、応募用紙であるエントリーシートをインターネットを通じて入手する。さらに、この提出をインターネット経由でする場合もある。そして、こうして提出されたエントリーシートにより一次的な選抜が行なわれることが多い。

インターネットを活用した採用・応募の特質は、まず、求人情報が広く公平に提供されることである。自由応募という形式に非常にあった情報手段といえる。これと対極にあるのが、研究室や大学を指定しての求人で、特定の者だけに発信される求人情報である。求人側は求人情報の発信段階で、専門領域などについて一定範囲の者だけをターゲットにしている。インターネットを通じて公開された求人情報は大学名にとらわれない誰にでも開かれた経路で、公正さという意味では評価できる手段である。これに対して、特定の研究室・大学の学生だけが応募できる求人は公正さに欠けるが、特定の専門領域の知識・技術が必要な職務の求人であればその限定は合理的だと理解されている。こうした特定の対象に向けられた求人情報は、特定の者にとっては、採用可能性の高い、また、自分の持つ専門性を生かせる就職先ということになる。

誰でもアクセスできる公正さが、逆に、インターネット経由の採用・応募の問題点となる。学生にとって見れば、インターネットを通じて採用情報は無数に飛び込んでくるようにみえる。しかし誰にでも開かれた求人は応募しても内定を得られる可能性が低い求人であることも多い。無数にあるように見える求人から自分が応募する求人をどう選ぶのか、その選択の基準を自分の中にもてないと、テレビ等を通じて名前を知っている企業に殺到し、苦い門前払いを受けたりして、いたずらに時を過ごし、焦り、自信をなくし、就職活動をストップして立ち止まり、卒業時期が来てしまう、といったことになりかねない。

また、自分のなかに応募先選択の基準を持っていても、企業側の選抜の基準と接点がないと内定には至らない。ＯＢ訪問等を通して多角的に収集することで企業の現実は見えてくるのではないかと思うが、インターネット経由の情報だけで企業情報を収集したつもりになってしまう危険も指摘されている。

インターネット時代の就職こそ、一方での、大学の就職支援部門や教員との相談が重要になる。多くの情報からどう自分に必要なものを取り出すか、その軸を確認する作業は相談を通じた方がしやすいし、また、インターネットには乗りにくい現実的な企業情報を持っている就職支援部門は多い。自由応募による個人の責任のもとでの就職活動こそ就職支援部門の存在が重要になるといえる。

6　卒業後四年目までの就業状況の変化

さて、それでは卒業時無業やアルバイト等であった大卒者たちは、その後どのような経歴をたどっているのか。調査時点である卒業から三年八ヵ月後の状況を見てみよう。図表4―6には、卒業時点での就業状況（表頭）別に調査時点での就業状況を示した。卒業時「無業」の場合についてみると、正社員の比率は、男性で六四％、女性で五〇％、卒業時「非正社員」の場合は、男性で六五

図表4-6　大卒者の卒業時の就業状況別卒業4年目の就業状況

単位：%、ただし太字は実数

	男性				女性			
	卒業時の就業状況				卒業時の就業状況			
	合計	正社員	非正社員	無業	合計	正社員	非正社員	無業
合計	100.0	100.0	100.0	100.0	100.0	100.0	100.0	100.0
	1,808	**1,106**	**169**	**142**	**1,613**	**955**	**225**	**178**
正社員	80.7	90.7	64.5	64.1	62.9	74.2	48.0	50.0
非正社員	6.2	2.6	19.5	18.3	14.9	9.1	26.7	25.8
自営	1.5	0.6	3.6	2.8	2.2	0.8	1.3	2.8
失業	3.5	3.1	4.7	6.3	3.8	3.4	4.0	8.4
専門的訓練	0.6	0.2	0.6	2.1	1.1	0.8	1.3	2.2
大学院	5.0	0.8	3.6	2.1	3.8	1.0	1.8	0.6
子育て・家事	0.1	0.0	0.0	0.7	7.6	7.5	12.4	5.1
その他・無回答	2.5	2.0	3.6	3.5	3.7	3.0	4.4	5.1

資料出所：日本労働研究機構『日欧の大学と職業——高等教育と職業に関する12カ国比較調査結果』2001年

%、女性で四八%となり、卒業直後に正社員にならなかった者でも、四年程度のうちに男性では三分の二が、女性では半数が正社員に変わっている。これに対して、最初から正社員であった者は、この時点でも男性の九一%、女性の七四%が正社員である。卒業時に無業やフリーターになったとしても、正社員に多くが変わっているのだが、やはり最初から正社員であった者とは水準は違う。

また、現在「失業」している者の比率を見ると、卒業時正社員であった者では男性三・一%、女性三・四%だが、無業だった者では男性六・三%、女性八・四%と失業率はかなり差がある。

卒業時点で無業やフリーターであった者のその後をどう評価すべきなのか。これだけ正社員になっているのだから、無業やフリーターで卒業しても問題ないと見るのか。それとも、卒業時から正社員であった場合との正社員比率や失業率の差に注目して、やはり問題は大きいと見るのか、判断は分かれる。

そこで、これまでの経歴の違いによって現在の職業生活がどのように異なるのか、調査結果を吟味してみる。無業や非正社員から正社員になった場合に、あるいは現在も非正社員である場合に、賃金や労働時間に大きな違いがないとか、本人が満足しているとか、そうした点での違いがなければ、問題はないといえるかもしれない。

以下では、卒業時点から四年目までの就業状況の変化から次に三つの経歴のパターンを抽出し、それぞれに該当する対象者の現在の就業の内容や意識について比較する。

①卒業時に正社員で就職しそのまま同一企業に定着しているパターン＝以下、「正社員・定着」と呼ぶ。

②卒業当初は非正社員や無業だったが後に正社員に移行しているパターン＝以下、「遅れて正社員」と呼ぶ。

③調査時点に非正社員雇用者であるパターン＝以下「非正社員」と呼ぶ。

まず、性別や出身大学によって、どのパターンが多いか特徴を見ておく。性別では、男性に多いのが「正社員・定着」で、女性に多いのが「非正社員」型である。出身学部では、「遅れて正社員」のパターンは教育系や芸術系の学部出身者、「非正社員」型は芸術系や人文系（男性）で多かった。また、私立の入学難易度が低い大学では、男性で「遅れて正社員」が多く、女性ではこれに加えて

図表4-7　移行パターン別現職産業・規模・職業

単位：%、ただし太字は実数

		男性			女性		
		①正社員・定着	②遅れて正社員	③非正社員	①正社員・定着	②遅れて正社員	③非正社員
合計		100.0	100.0	100.0	100.0	100.0	100.0
実数		**837**	**256**	**112**	**548**	**246**	**241**
企業規模	29人以下	3.3	12.5	10.7	4.4	15.4	7.9
	30～99人	7.6	9.0	8.0	6.8	7.3	6.6
	100～499人	20.9	17.2	12.5	21.2	13.0	10.4
	500～999人	9.6	7.8	1.8	8.4	3.7	4.6
	1000～4999人	21.7	10.9	4.5	18.1	11.4	7.5
	5000～9999人	4.3	3.1	3.6	3.3	1.2	2.1
	10000人以上	9.6	5.5	0.9	6.8	2.0	4.6
	公務	19.8	29.3	26.8	24.8	37.8	25.3
	無回答	3.1	4.7	31.3	6.4	8.1	31.1
現職職業	管理的職業	5.4	5.9	4.5	3.3	2.8	0.0
	教員	5.9	9.8	17.0	10.9	20.3	19.1
	教員以外の専門職	28.6	23.4	15.2	21.5	21.1	15.4
	準専門職	3.2	3.5	3.6	1.8	3.7	3.3
	事務職	24.3	28.1	15.2	39.8	38.6	32.8
	サービス・販売職	23.4	17.2	14.3	14.4	5.3	10.8
	生産工程・農業・漁業	3.3	6.3	11.6	1.3	1.2	2.5
	その他	3.5	4.7	2.7	4.2	5.3	5.0
	無回答	2.5	1.2	16.1	2.7	1.6	11.2

「非正社員」型も多かった。

このパターン別に現在の就業職種や企業規模を見る（図表4－7）。「正社員・定着」型を基準として、これとの違いという形で見てみよう。勤務先の企業規模では、「正社員・定着」に比べて「遅れて正社員」も「非正社員」も、ともに二九人以下の小規模企業の比率が高く、一〇〇〇人以上の大企業も一〇〇人以上の中企業も少ない。また、特に「遅れて正社員」は公務員の比率が高い。職業の上では「遅れて正社員」も「非正社員」も教員が多い。公務員や教員が多いのは、公務員試験や教員試

図表4-8　移行パターン別収入と労働時間

性別	移行パターン	総年収	総労働時間	所定労働時間	総年収／総労働時間
男計		389.5万円	51.0時間	39.8時間	7.6
	①正社員・定着	400.0 *100*	52.6 *100*	40.3 *100*	7.6 *100*
	②遅れて正社員	380.6 *95*	51.5 *98*	40.6 *101*	7.4 *97*
	③非正社員	243.7 *61*	35.3 *67*	31.3 *78*	6.9 *91*
女計		306.7	45.3	38.9	6.8
	①正社員・定着	347.5 *100*	47.7 *100*	40.0 *100*	7.3 *100*
	②遅れて正社員	311.7 *90*	47.9 *100*	40.4 *101*	6.5 *89*
	③非正社員	193.9 *56*	35.2 *74*	31.9 *80*	5.5 *76*

資料出所：図表4－1に同じ

験が昨今非常に難しいため何度か応募してやっと採用されているということもあろうし、また、公務員や教員試験は応募年齢の上限が二〇代後半である場合が多く、卒業後時間が空いても採用される職域であり、民間企業への応募が年齢によって難しくなる分、公務員や教員に向かうとも解釈できる。職業の上では、男性の場合、「非正社員」では生産工程の仕事に就いている者も一〇％を超えている。

結局、「正社員・定着」には、大企業のホワイトカラーが多いのに対して、「遅れて正社員」や「非正社員」には、公務員ならびに小企業が多く、また、職業は教員が多い一方、生産工程の仕事に就いている者も少なからずいるという状況で、多様な働き方が混在しているとみられる。

次に、労働時間や年収の面での違いを検討してみよう。図表4―8には、総年収と週当たりの総労働時間および所定内労働時間、さらに「総年収／総労働時間」の値を載せた。斜体で示した数字はそれぞれについて「正社員・定着」を一〇〇とした時の値である。「遅れて正社員」の場合は、正社員であるから所定労働時間は「正社員・定着」と変わりない。ただし年収は男性では「正社員・定着」の九五％、女性では九〇％と少ない。一方、「非正社員」は所定労働時間が週三一〜三二時間と少なく、総労働時間も少ない。年収は大幅に低く六〇％前後である。労働時間が大幅に違うので、「総年収／総労働時間」の値で比較すると、「非正社員」の男性の場合は九一、女性の場合は七六と「正社員・定着」より低く、単位時間収入は少ないことが明らかである。さらにこの格差は女性で大きい。一方「遅れて正社員」では、男性で九七とほとんど「正社員・定着」と変わらないが、女性では八九と差がある。「非正社員」でいれば男女とも正社員になった者との賃金面での格差がある。この格差は女性で著しい。また、「遅れて正社員」になっている場合は、男性の場合賃金面での差はあまりないが、女性では、正社員になったとしても賃金面での差がある。大卒時に正社員になるか否かの損得は、女性で特に著しく、正社員にならなかった者の所得面での損失は大きい。

次に、本人の意識の上での違いを検討する。図表4―9は意識に関わる項目について、同様にパターン別の結果を載せた。仕事が学歴にどの程度ふさわしいか、在学中に獲得した知識・技能を仕事にどのくらい使っているか、また現在の仕事にどの程度満足しているかという三つの質問を取り上げた。どの質問の回答も同じような傾向がある。すなわち、「遅れて正社員」にしろ「非正社員」型にしろ、「正社員・定着」型よりふさわしいとか満足といった意見が多いと同時に、ふさわしくないとか不満だという者も多いという両極が多くなる傾向である。この背景には、「遅れて正社員」や「非正社員」には、多様な働き方が混在していること、つまり、教員や公務員になった一群もい

図表4-9　移行パターン別現職への意識

単位：%、太字実数

	男性			女性		
	①正社員・定着	②遅れて正社員	③非正社員	①正社員・定着	②遅れて正社員	③非正社員
合計	100.0	100.0	100.0	100.0	100.0	100.0
実数	**837**	**256**	**112**	**548**	**246**	**241**
あなたの仕事は学歴にどの程度ふさわしいか						
完全にふさわしい	8.8	12.9	11.6	13.9	18.7	9.1
ややふさわしい	31.8	25.8	17.0	37.4	31.3	22.4
どちらともいえない	40.1	40.6	25.9	35.6	31.3	34.0
あまりふさわしくない	12.9	12.5	18.8	11.5	13.0	16.2
まったくふさわしくない	5.5	6.6	16.1	1.6	5.3	11.6
無回答	0.8	1.6	10.7	0.0	0.4	6.6
在学中に獲得した知識や技能をどのくらい使っているか						
頻繁に使っている	5.5	8.6	11.6	7.1	11.0	13.7
かなり使っている	11.6	14.8	10.7	12.0	15.4	14.1
やや使っている	32.7	27.3	20.5	33.2	30.9	17.4
あまり使っていない	34.6	30.5	15.2	30.3	23.6	23.7
まったく使っていない	8.5	6.3	12.5	7.5	7.7	7.5
今の仕事は学習内容とは無関係	4.9	9.0	13.4	8.9	10.2	14.1
無回答	2.2	3.5	16.1	0.9	1.2	9.5
現在の仕事にどの程度満足しているか						
とても満足している	7.2	14.1	7.1	7.5	8.5	10.0
やや満足している	36.0	33.6	28.6	42.5	46.7	37.8
どちらともいえない	25.3	23.4	28.6	22.3	21.1	25.7
あまり満足していない	24.1	20.7	17.9	22.6	17.9	17.8
まったく満足していない	6.8	7.8	11.6	4.9	4.9	5.8
無回答	0.6	0.4	6.3	0.2	0.8	2.9

資料出所：図表4－1に同じ

れば、小企業や生産工程の仕事等に就いている者もいるといったことがあると考えられる。「遅れて正社員」「非正社員」型の者について、現在の就業職種や規模別にこの質問への回答を見てみると、（数は非常に少なくなるが）教員をはじめとする専門職に就いているか、公務に就いている者では満足感やふさわしさの認識が高い傾向が見られた。

この検討から言えることは、大学卒業後無業や非正社員の仕事に就くことの意味は、その後、どのような職業に就いたかで異なるということだろう。数年のうちに教員をはじめとする専門職、あるいは、公務員になった場合、職業への満足や専門性の発揮が見られ、キャリア形成の上でも本人の満足感の上でも遜色なく見える。

さらに、こうした教員等の専門職に就いているかどうかは実は出身学部によって大きく異なる。卒業時点で、無業や非正社員就業者を多く出した芸術や教育、保健医療系統の学部では、その学部教育自体が専門職の養成の色彩の強いものだった。こうした学部卒業者が、卒業直後に無業や非正社員就業であっても、その原因は専門職への入職経路や訓練の慣行によることが多く、移行に時間がかかるにしろ、個人の中ではそれなりの納得があることも多いだろう。これに対して、専門職との結びつきがない学部卒業者では、非正社員であったり、正規雇用まで時間がかかったりした場合、大学教育と無関係な職場である場合も少なくない。

大卒の無業や非正社員を考えるとき、この二つのケースは分けて論じなければならない。すなわち、今問題にしなければならないのは、専門職養成型の大学教育修了者ではなく、一般に多く民間企業のホワイトカラーとして採用されてきた学部系統の卒業者で、卒業と同時に就職せず（できず）に、無業やアルバイト・パートなどに就いているケースである。民間企業ホワイトカラーのキャリアは、企業に採用されてから始まる。採用されなければ、キャリア形成の入り口にも立てないことになる。大学卒業時点で無業やフリーターになることの問題は、このとき大きい。

第五章　フリーターの仕事と職業能力

1　フリーターの仕事

本書ではフリーターを学生や主婦でなく、アルバイトやパートタイムで働いている若者としたが、実際に彼らはどんな働き方をしているのか。すでにいくつかのアンケート調査で就業職種や労働条件等が明らかになっている。調査結果はほとんど同様で、これらの調査で把握されているものが労働の実情だと思っていいだろう。

まず、週労働日数は五日が多く一日の労働時間は八時間が多い。平均月収は一〇万から一五万ぐらいの間。総じて、正社員とそれほど違う労働時間ではないようにみえる。仕事の内容はコンビニ・スーパーやファーストフード等の店員、ウエイターやウエイトレスなど、正社員に比べて販売

図表5-1　就業形態別最近1週間の労働時間と昨年の年収、単位時間あたりの収入

性別	現在の状況	①最近1週間の労働時間（時間）	②昨年の収入（万円）	②／①単位時間あたり収入（万円）	正社員を100としたときの指数
男性	正社員	50.8	343.9	6.8	*100*
	アルバイト・パート	40.6	175.0	4.3	*64*
	派遣・契約	46.2	263.6	5.7	*84*
	自営・家業従事	52.5	240.4	4.6	*68*
女性	正社員	44.8	285.0	6.4	*100*
	アルバイト・パート	34.8	138.6	4.0	*63*
	派遣・契約	38.0	219.2	5.8	*91*
	自営・家業従事	34.8	197.1	5.7	*89*

資料出所；日本労働研究機構『大都市の若者の就業行動と意識―広がるフリーター経験と共感』2001年

とサービスの仕事が多い。

就業形態別の労働時間と年収を最近行なった調査からみてみよう。この調査①は東京都内の一八歳～二九歳の若者を対象に行なったもので、同一地域の同一年齢層の就業形態による労働条件の違いを比較できる②。

図表5―1で、まず一週間の労働時間を見ると、アルバイト・パートの週労働時間は男性で四一時間、女性で三五時間であり、また年収を見ると男性で一七五万円、女性で一三九万円と、すでにみた他調査での結果とほぼ一致している。他の就業形態の若者と比べるとどうだろう。正社員や契約社員、派遣社員と比べると、労働時間は短いし、年収は格段に少ない。自営・家業従事と比較しても、女性の労働時間を除いてやはり短いし、低い。

正社員や自営・家業従事の男性の労働時間は週五〇時間を超えている。残業が恒常化していることが推察され、一日の労働時間七～八時間というフリーターの労働時間は、やはり正社員より短いといえるだろう。

収入はどうだろう。労働時間がこれだけ異なるので、そのままの年収を比較するより、単位時間あたりの収入に換算して比較したほうがいいだろう。そこで表の右側には単位時間あたり収入（＝昨年の年収／最近一週間の労働時間）を出し、さらに、正社員のこの値を一〇〇として他の就業形態の場合をこれに対する比率で示した。すると、男女ともアルバイト・パートでは六三〜六四と、正社員との格差が大きいことがわかる。これに対して、派遣社員や契約社員は男性で八四、女性で九一と格差はわずかである。

アルバイト・パートでの就業は、全体としては、他の働き方に比べて低賃金の働き方だといえる。さらに、賃金の低い仕事は大まかには必要な技能のレベルが低い仕事だろう。就業を通じての職業能力の伸びは、限定的なものであると考えられる。

なお、後の章で触れるが、この単位時間あたりの収入を学歴、年齢別でとると（図表7—5）、学歴が高いほど、また、年齢が高いほど格差が大きくなる傾向があった。

おそらく、アルバイト・パートの仕事の多くが、学歴や年齢にかかわりがない誰にでもすぐできる仕事なのであろう。そのために学歴や経験によって上昇することが一般的な正社員との間に、年々格差が開いていくのだと思われる。アルバイト・パートでの就業を通じての能力開発は、現在のところ、限定的なものだといわざるを得ない。

2　職業能力の獲得とキャリア形成

フリーターであることの第一の問題は職業能力の獲得が遅れることだと思われる。若年期は、新しい知識や技能を修得しやすい可塑性に満ちた能力開発の好機である。新規学卒で正社員になっていれば、入社後の数年は、企業内での実務経験や教育訓練を通して急速に職業能力を高めていく時期だといえる。長期雇用を前提にしたわが国の雇用慣行のもとでは、企業主導での職業能力開発が活発に行なわれてきた。この過程で職業への意識が裏づけもされてこよう。

また、この時期はキャリア形成の上から言えば、試行錯誤を含めて、それぞれのキャリアの方向性が明確化していく時期ともいえる。その重要さは、それぞれの若者の将来にとって大きなものであるが、社会にとっても決して看過すべきものではない。すなわち、この時期に能力開発の重大な遅滞があるとしたら、将来のわが国の技術力へのかげりとなるし、就労意欲の形成がそこなわれるなら、社会経済に与える影響は大きい。一方、一時の試行錯誤期間や入職準備期間にとどまるなら、方向性を自ら選びとった自立した職業人にいたる孵卵期となる可能性もある。

以下では次の三点について、実証的データを元に検討する。

第一は、フリーター期間にキャリアの方向性の明確化が進んでいるかである。とりわけ選択を遅延するためにフリーターになるモラトリアム型の場合は、自らの方向を決めかね、決定を先のばしするためにフリーターを選択している。「いろいろな仕事を体験したい」という試行錯誤の意識が語られることも多い。この点はモラトリアム型に限らず、多くのフリーターが程度の差はあれ指摘するフリーターのメリットである。果たしてそれぞれのキャリアの方向性は見えてきているのか。それはアルバイト体験の中で育まれているのか。そうした側面が強ければフリーター期間は積極的な意味を持ちうる。

第二は、アルバイト労働の中で具体的にどのような職業能力が蓄積されているかである。長期雇用を前提としない雇用機会であるから、企業主導の能力開発は期待ができないと思われるが、一方、アルバイトを多用する企業ではその能力をフルに生かすことが重要な雇用管理上の課題だろう。短期雇用の中でも職業能力が蓄積されるケースのある可能性がある。また、企業主導でなく個人主導の能力開発が進められている可能性は十分にある。すなわち、それぞれが自分の職業的な「夢」に向かって、能力を磨き貯めていることが考えられる。このフリーター期間に、どんな職業能力をどこでどれほど身につけてきているか、この点を吟味する必要があるだろう。

第三は、そうした能力蓄積あるいは能力開発の方向性と現実の就業機会との接点の問題がある。まず「夢」は実現が難しいから夢なのであるが、その現実との接点、すなわち入職経路や必要な能力、能力開発の方法などについてどの程度情報収集して、実現へのステップを認識しているか、また実現可能性について理解し、可能性がみえなければ方向転換ができるだけの伏線を用意しているかといった問題である。あるいは、一定年齢になったら正社員になるといった志向を持っている場合も少なくないが、正社員での就業可能性をどう理解し、そのために必要な職業能力をどう考えているか。正社員募集に応募しているのか。すなわち、フリーター期間の先にある各自のキャリアをどれほど現実的に意識し、フリーター後に向けて準備をしているのかである。

以下では、この三つの角度から、フリーター期間の能力開発・キャリア形成上の意味を考察し、そのうえで問題点を整理して対応策を考えたい。なお、ここでは、日本労働研究機構が行なったフリーター経験者約一〇〇名に対する聞き取り調査の結果をデータとして考察することにする。

3　キャリア形成の方向性

最初に、キャリア形成の方向がフリーター期間に明確化しているかどうかを検討する。第一章でわけたフリーターの三類型はフリーターになった時の意識にまず注目し、当初に職業的な方向づけを持っていたかどうかを分類の軸としているので、方向の明確化の有無を検討するにはこの類型別に見ることが整理しやすい。

そこで、まず、当初から方向づけのある「夢追求型」についてみる。方向づけを持って始めたフリーター生活だが、その後は方向性を継続している場合と、変更している場合がある。継続している場合には、①求めた「夢」（＝芸能関係をはじめとする特定の職業）に向かってそれなりに着実な歩みの見られるケース、②プロとしての可能性に疑問を持ち迷っているケース、そして、③「夢」

は語るものの実現に向けての歩みがなく、ある意味でカッコイイから持っていると言っているファッションとしての「夢」を語っているにすぎないのではないかと思われるようなケースがあった。それだけ「夢」を実現するためにフリーター生活をするというのは、若者たちにとって好ましい生き方なのであり、そうしたフリーターは周囲の若者から尊敬さえ集める。以下には、ヒアリング調査で具体的に語られた内容を引用する。

◈私のような、何かするためにフリーターをしているというのは周りにはあまりいないかもしれない。最近よく「すごい、夢のために頑張ってて偉いよね」とか「輝いているよね」とか言われます。
（二三歳・女性・高卒）

実際、彼女は自主制作でCDを作っている最中で「もえている」し、「とにかく自分から前に進んで仕事も見つけていかないとフリーターはできない」と積極的に道を切り開いていく。先の①のタイプの典型である。しかし、先の見えない不安も大きい。タレントを夢見て、ボーカルやダンスのレッスンを受けながら、ここまで六年のフリーター生活をしたきた次の例では、

◈二〇歳ぐらいまでは、二五歳ぐらいにはやっぱり決断しなきゃいけないのかなというのはあったんですけど、今になると、三〇歳ぐらいでもこんなことをしているのかなと思っています。ある程

度いったら決断しなきゃいけないのかなというのはありますけどね…。とりあえずここまで頑張ってきたんだから、いけるところまでやってみたい。今はほんと、あきらめる気にはなれないですね。

（二五歳・男性・高卒）

さらに、迷いが大きくなって、方向転換を考える②のタイプは少なくない。

◈今はちょうど何がやりたいのか分からなくなってきてしまった時期に突入しました。最近、何かもっと、世の中にいろいろなものがあるので、自分が今まで知らなかった分野もいろいろ経験してみたいなという気持ちが生まれてきました。今までは歌が大好きだったけれども、それだけじゃなくて、いろいろやってみたいなと思うようになった。

（二〇歳・女性・高卒　芸能）

◈何回かほんとうに（演劇を）やめようかなと思ったこともあります。（中略）知り合いで結婚している人もいて、幸せなのを見ているとこれでいいんだろうかと悩んだりとか、夢は夢でやりたいんですけど、それを職業にしようとしてずっと頑張っていくのか、それとも女として幸せにやっていって、それは趣味でやっているのがいいのかとか、結構考えたりとかしますね。

（二七歳・女性・短大卒）

そして、当初の「夢」に見切りをつけ、他の職業を目指して勉強をはじめたり、あるいは、正社員を希望するようになる者も少なくない。

◈最近やっぱり就職したいなと思っています。バンドは並行してやりたいと思っています。（中略）やっぱり一定の給料がほしいですね。（二〇歳・女性・高卒）

◈（バンドから方向転換して、美容専門学校に入って）今は地道ですね。やったぶん、うまくなるのはうれしい。（中略）はじめは華やかな部分にあこがれてたんだけど、入ってみたら、華やかな部分より、別に店で一生懸命、普通に、売れてなくてもお客さんに信頼されて、店の人に信頼されて、店の中だけでやってる人でも全然カッコいいなって、今は思う。（中略）将来は、そうですね。お店を持つ、三〇ぐらいにはお店を持ちたいとかそういうのはありますね。（一九歳・男性・高卒）

めざした方向に向かいつづける者はもちろんだが、その可能性を危ぶみ、悩む者にとっても、このフリーター期間はキャリア形成上の意味で否定できないものがあるだろう。夢に描いた未来に向かってチャレンジした経験、そこから方向転換して自分の道を探す経験には、職業選択上のステップという面もある。

しかし、前記の③にあたるケースだと、キャリア形成につながらない期間となっている可能性も強い。

◈（当初バーテンダー志望だったが、歯科のバイトや日払いのバイトを多数経験。今は写真関係の仕事に就きたいと思っている。／フリーターを続けるのは）なぜかというと、遊ぶためです。夜出かけるんですけれども、ほんとう、遊ぶためですね。正社員で、仕事の後、夜遊びに行って、次の日、朝からまた仕事というのがどう考えても無理なんですよ。

（一九歳・女性・高卒）

こうした危ういフリーター像は本人というより周囲のフリーターとして語られることが多かった。

◈（周囲のフリーターの）タイプっていうと、就職するため週一回の習い事みたいなのに行っている人もいるし、ただ単にフリーターで、別に夢って聞かれたら「ない」って言う人もいるし。あとＤＪやりたいって言っている人もいるし。いっぱいいいますね。その夢って、なれない夢というんでなく、頑張ればできると思います。でもまだ二〇歳だから、「まだいいかな」っていう感じで。「まだ遊びたい」という感じですね、みんな。

（二〇歳・女性・高卒）

次に「モラトリアム型」の場合を見ると、方向性がないままフリーターになった彼らは、多くがキャリアの方向を模索してきた。調査時点の状況から見ると、職業的方向付けをもって入職のための準備を始めた者やおぼろげな方向をつかんできた者、あるいは、モラトリアム状況を続けている者がいる。モラトリアム状況を続ける者のなかには、フリーターという現状に満足しているわけでもないが、実際にはそこから脱出するための行動は起こさない、という消極的な現状肯定の態度が見られる場合も少なくない。

まず、職業的方向づけが固まってきた例。最初のケースは、一時引きこもり状態にまでなった人だったが、真剣な姿勢で自分の方向を求め、具体的な活動を起こしている。また、その次の例は、正社員を辞めアルバイトを転々としていたが、結局、高校時代に希望していたイラストの仕事に自分の方向を見出している。

◈（今は服飾系専門学校に在学中）デザイナーとして自分がやっていけるかどうか、本当にへろへろになるまで考えました。生半可な気持ちでやっていける世界じゃないというのは、もちろん自分の親の友人（のデザイナー）も含めた、そういう関係の人からいわれてましたから。（中略）学校という学校はすべてコンタクトを取りました。（中略）周りの人のすすめもありまして、結局は今の専門学校を選んだんですけど。（二三歳・男性・高卒）

◈イラストレーターになりたい。たまにお仕事をいただいたりとかして、買っていただいたりもしましたけれども。それは個人の依頼だったんですけれども。小さい頃から絵はやっていましたね。三〇歳過ぎにはイラストレーターとして働きたいですから、フリーで。それぐらいまで頑張って。自分の好きなことで苦労するのは、別にどうってことないですから。ほんとうに絵だけ描いていきたいですね。（二六歳・女性・高卒）

このほか、次の例のように職業的方向を考える期間として評価する者は多い（それだけ、高校在学中には考えてこなかったということだが……）。

◈自分にとってはプラスになった一年間だとは思っています。今、日本って、高校卒業したらすぐ大学みたいな形になっていて、大学行っても、何したらいいのかわからないとか、友達でもそういう子がやっぱいるんですよ。（中略）自分はやりたいことが決まってからのほうがいいと思って、やっていて、実際的にいろんなことを、学校があるとなかなかいろんなことできないですよね。一年間で、いろいろ自分のことも考え直したり、今までのことを考えたり、これからどうしようかっていうのを考えるいい期間だったとは思っています。

（一九歳・女性・高卒）

次は、モラトリアム状態のままという例だが、そのことに不安や焦りはないという。こうした消極的な現状肯定型も少なくなく、この場合、キャリア形成が進んでいるとは思えない。

◈しばらく、何かしたかったわけじゃなかったんで、ふらふらしながら。何か将来できる仕事、そのうち見つかるだろうと。そういう生活、うーん、別に不安になることはないけど。将来のこととかも、全然不安でない。別に。心配せず。

（二三歳・男性・高卒）

◈やりたいことはあるんだけど、どうやったらいいかわからないという感じですかね。何かつくることをしたいなというか。手ごたえ……、そうかもしれないですね。いつまでもこんなことをやっていては（ダメ）という気分は特にありません。

（一八歳・女性・高卒）

◈ちゃんと就職しなきゃいけないいじゃないと言われると、それに反論する気持ちは全くないです。言われるがままなんですけれども、じゃあ、自分は今どうするって、気持ちが動かないんですね。働くのが嫌だとかよりも、働く気力というんですかね、貪欲に仕事についていくという気持ちがない。そのうち見つかったらいいんじゃないか、という構えで、自分は動かないわけですよ。

（二六歳・男性・大卒）

◈できれば正社員。でも、やっぱり何か今の現状に甘えてしまって、いま一歩動き出せないというか。気持ち的にフリーターのほうが楽しいというか。

（一九歳・男性・高卒）

一方、フリーターであれ正社員であれ就業形態はどちらでも良く、やりたいこと・好きなことがしたいと語る者もいる。モラトリアム状態で、そのやりたいことの内容が見えていなくとも、「やりたいこと」ならよく、「やりたくないこと」はやりたくない。この「やりたいこと」にこだわる姿勢は「夢追求型」と共通するものがある。

◈仕事は、もし自分の興味のあることで仕事が見つかれば働きたいと思っていますが、それまで、別に何歳とか決めてなくて、見つからなければ、ずっとフリーターということもあるし、無理にやりたくないことで就職しようとは思ってないです。（二〇歳・女性・大学中退）

◈好きな仕事ができれば別にフリーターでも正社員でもどっちでもいいと思うんですけれども。（二七歳・男性・大卒）

「やむを得ず型」はキャリア形成をやむを得ず中断されてフリーターになった者である。特に正社員への就職活動をしながら、採用されなかったためにフリーター状況になった者では、多くが就職活動をつづけている。ただし、中には挫折感が大きく、モラトリアム状況に陥り、将来への方向付けをなかなかもてない者もいる。期間限定型では、当初の予定通り進学等の目標に向かっている場合と、目標が変化しモラトリアム状況になっていたり、異なる方向をめざすようになっている場合がある。

◈今二四歳なので、今から就職してスタートするというのがちょっと怖いというか、おどおどしている部分もあるかもしれないです。ちゃんと社会に出なくちゃと思うところもあるし、両親にも「一度は社会に出なさい」と昔から言われていたので、ちゃんとしたところに就職して、そういう経験も必要なのかなとも思うんですけれども、あの就職活動を思い出すと、もう二四歳だしなとか、そういうふうに思っちゃうんですよね。だから、新たな一歩を踏み出す勇気が出ないというか。二

〇歳とか二一歳ぐらいでしたらともかく、もう二四歳だしと思っちゃうんですよね。（二四歳・女性・大卒）

以上、フリーター期間における職業的方向づけの状況をみた。多くの者が将来のキャリアを意識し、探り、方向をとらえようとしている。彼らのフリーター期間には、キャリア形成のための試行錯誤期間としての意味がみいだせると言えるだろう。しかし、「夢」がファッションにとどまり実現しようとする行動もなく意欲も感じられない者、モラトリアム状況を続け、あるいは新たにモラトリアム状況に陥り、消極的ながら現状を肯定している者など、キャリア形成という面では停止状況にある者も少なくない。

4　フリーター経験と職業能力形成

次に、フリーターとしての就業経験が職業能力形成に結びつく可能性について検討する。「いろいろなことを経験して自分にあった仕事を見つけたい」といった言葉は多くのフリーターから聞かれたが、実際の就業職種は前章でみたとおり、決して多様とは言い難い。それはともかくとして、その経験が希望職業に関わる能力形成にどれだけ貢献しているのか。アルバイトの仕事と希望職業との間に一応の関連性が見られたケースはヒアリングした九七件中次の一四件だった。具体的な希望の職種とアルバイト経験の関係を以下に示す。

・地元で調理関係の仕事に就けたら＝調理補助のアルバイト（二〇歳・女性・高卒）
・林業関係の仕事、農業も考えている＝農業のアルバイト（二〇歳・女性・大学中退）
・喫茶店の修業とか積んで、将来開きたい＝喫茶店のアルバイト（二〇歳・女性・大学中退）
・写真や舞台美術で一旗揚げてやろうと＝写真現像補助のアルバイト、舞台制作の無報酬の手伝い（二〇歳・女性・大学中退）
・メイクのほうが結構好きで……専門学校を探し始めた＝美容院受付のアルバイト（二〇歳・女性・専門中退）
・保母の専門学校に行きたかった＝託児所でのアルバイト（二一歳・女性・高卒）
・関心があるのはやっぱり演劇＝劇場の特殊効果のアルバイト（二〇歳・女性・専門卒）
・バーテンダーに対するあこがれが高校生の時からあった＝バーテンダーのアルバイト（一九歳・女性・専門中退）
・ヘアメークになるには美容師の免許が絶対必要＝美容院でのアルバイト（二三歳・女性・短大中退）
・（製菓専門学校を卒業時の就職先は）気に入ったところがなかった＝ケーキ屋でのアルバイト（二一歳・女性・専門卒）
・（もし公務員受験がダメなら）教育産業の方に進む＝学習塾講師（二七歳・男性・大卒）

・デパートとかで働きたい＝登録派遣で販売業務（二三歳・女性・専門卒）
・派遣のコーディネーター関係につきたい＝派遣社員（二八歳・女性・専門卒）
・ホテルマンとしてのキャリアを目指している＝ファミレスの接客のアルバイト（二三歳・男性・大学中退）
・専門学校でホテル関係の勉強を＝ファーストフードで接客のアルバイト（二一歳・女性・高卒）

上記に見られるように、希望職種の一つの雇用形態がアルバイトであったり、アルバイトが職業資格取得の実務経験にあたるような場合がある。しかし、四番目の例では、複数の将来の方向をあげ、アルバイトもそれぞれに関連した複数のものを経験しているが、この例のように、アルバイトをしながら関心が広がり、そんな方向もいいかと考えているというつながりのほうがむしろ多いだろう。この段階のアルバイトでの職業経験は、こうした関心・知識の拡大の要素が強く、全般には、特定の職業能力を身につける過程までいかない入門的レベルの仕事内容に終始しているように思える。

他方、特定の職業についての能力というより、より基礎的なソーシャル・スキルのレベルの能力獲得を指摘する者も少なくない。学校とは違う場で「社会人」としての経験からの蓄積である。

◈人と話せるようになりましたね。前は、そんなに言葉が出ませんでしたから。バイト以外にもいろんな人と話そうと。いろんな人がいるんで、そういう人たちとかかわって、いろんなことを学んで、自分がだめだなとかいうのをいろいろ感じて。（二一歳・男性・高卒）

◆テーマパークで働いている中で、自分が何か変わった。そういうバイトを通して、接客することによって、人の立場になって考えるというのが、前よりできるようになったと思っています。例えば、昔は電車でもお年寄りの方が乗ってこられても、高校生のときは自分が座って、知らないふりなんかしましたけれども、今は何かもう自然に自分で立っちゃったりはありますね。（一九歳・女性・高卒）

◆職場にとけ込めるというのか、折り合いを付けていけるというのか、その辺は結構うまいことやれるようになったかも。（二三歳・男性・大学中退）

また、能力開発というより職業情報の入手に役立ったケースもある。アルバイト先で得た知人等から就業機会・必要な教育訓練等のキャリア形成上重要な情報を入手したケースだが、この点は次の項で採り上げる。

5　現実の就業機会との接点の認識

最後に、フリーター期間後のキャリア形成について、どの程度現実的な視線で実態を把握し対処を考えているのかを整理してみよう。ここで採りあげるのは、希望職業についての情報収集の状況、伏線的キャリアの準備、フリーター期間の終わりの時期の認識、正社員就業の可能性と障壁、職業能力開発の必要性の認識と取得方法についての知識等である。言うなれば、自ら道を開いていけるだけの現実的「したたかさ」「たくましさ」といったもので、こうした準備を整えつつフリーターをしているなら、キャリア形成上の問題は少ないだろう。これに対して、こうした行動や意識がなくフリーターを続けている者では「安易さ」「あまさ」が感じられ、将来が危惧される。

まず、希望職業についての情報収集についてであるが、問題があるケースがみられた。すなわち、職業として確立されていない仕事、就業機会の乏しい職業などをその自覚なしに選んでいる。また、スクールに通うことで入職経路が確保されると理解している面があり、スクールの教育内容や卒業後の斡旋状況・卒業生の状況等の情報収集なしに入校する者もいる。卒業する段になって、初めて現実に求人のある仕事なのか、収入を得られる仕事なのか、といったことが見えてくるようである。

◈ネイルアーティストという職業は（高校の）先生もまったく知らない分野だったらしいんで。でも、やりたいと言ったんでがんばりなさいと。（中略）（ネイルアートの学校を出たとき）求人というのはほんと、二〜三件しかなかったんです。求人が少ないというのは知らなかったんです。

（二一歳・女性・各種学校卒）

◈やりたいことはあるんですけど、何となく。カウンセラーとか。（中略）カウンセラー養成機関みたいな機関。結構、パンフレットとか、だいたい新聞に載っているんで、出たら（集めてます）。期間は一年ですね。五〇万とか、一〇〇万とか（お金がかかるらしい）。（二五歳・男性・高卒）

◈（中医師を志望）とりあえず、中国留学とかを考えています。（中略）中国にとりあえず一回行かないと。生計を向こうでたてられるかどうかですよね。いろいろ聞いてみると、いい加減というか、ほんとに観光ビザで入って、ずっともう住めちゃうみたいなような。（二八歳・男性・高卒）

一方で、そうした情報収集をしっかりして方向を決めたケースもある。次のケースでは親が大きな役割をはたしているし、この他にも、志望する職業に就いている先輩を親が紹介して相談に乗ってもらったりするケースはあった。アルバイト先が志望する業界に近いならそこでの知人から情報が得られたり、先に業界に入った友人等から情報収集して専門学校を比較検討したケースもあった。

◈メイクがやりたいなと思ってたんですよ、ずっと。だから美容師は違うのかなと思っていて。メイクだけの学校へ行こうとしたんですよ。そうしたら、やっぱりメイクだけって食べていけないじゃないですか。職業もないし。それでまた親が心配して、美容師の人とかにも（相談して）、それだったら美容師になって、それからメイクをやったほうが絶対いいからとか言われて。メイクだけっていうのは、絶対無理だからって言われて。（中略）私が専門学校を選んでいるときに、そこはちゃんとした専修学校かとか、そういうのを親も調べて、私が行こうとしていたところは何か怪しいって言うんですよ。（中略）結構真剣に調べてくれたみたいで。

（二〇歳・女性・専門中退）

「夢」に向けての行動の一方、「夢」であるから叶いがたいことを理解し、現実的な職業設計を一方で進めているものも少なくない。ヒアリング対象者のうち、今の方向以外の道についても一応の準備、心構えを持っていることを語った者が約五分の一ほどいた。伏線に考えている職種は様々だが、一つの典型は親が何らかの自営をしており、それを継ぐないしその一端を担うという道であり、また、もう一つのパターンはパソコン等の技術や資格を取得して正社員になるというものである。

◈うちが自営業なんです。会社経営の勉強をしたくて、今はほんとは会社経営というか、自営業ですけど、自分で会社興したいと思っていて、そのための勉強をしているんですが、新しい産業で、今は技術ないんですけど、できたらすぐここで興せるようなお金を貯めたいと思っていて。

（二一歳・男性・高卒）

◈仕事も探しているし、それと、実家がさっき言ったように飲食店なので。（中略）親は継いでほしいと言っていますね。うるさくはないです。たまに電話がかかってきて、何しているのみたいな感じで言われて、今の現状を言うじゃないですか。じゃあ、戻ってきて継いでみたいな感じで。

（一九歳・男性・高卒）

◈パソコンを勉強して、何かそのスキルを生かして就職したいと。パソコンは、今やっぱり必要じゃないですか。やっていると自分の身にもなるし、将来的にもいろいろできることがあるので。インターネットとかしてみたことがあって、それでおもしろいと思いました。就職したいのは、お金の面がやっぱりもう少しほしいと。専門学校でもなくて、今、スクールってあるじゃないですか、一ヵ月とか二ヵ月の。そのほうがまだお金も多少安いので、資格だけ取って、自分でパソコンを買って何かできたらと思っているんです。（二四歳・女性・高卒）

ここで注意したいのが、この資格・技術取得への意識である。中には不動産業の経験があり、そこで宅建を取ったという現実的な裏付けのある資格取得行動もあるが、多くの場合「今の時代コンピュータでしょう」「とりあえずパソコンでも」と、スクールに入って週何回か受講することで資格が得られ、それで正社員への道が開けると素直に思っている向きがあることである。「実際にどれくらい資格取得者が就職できているか等についての情報を収集したことはない」（二三歳・男性・高卒）という状況で、就職準備のために能力開発をしようという意欲はあるものの、現実的な労働市場についての認識は、やはり「あまい」と言わざるを得ないものは少なくない。

さて、フリーターを何歳までに終わらせるという目標を持つものは多い。その認識は、正社員への登用限界という認識だったり、フリーターとしての就業機会が年齢によって狭められているという認識であったり、結婚といった生活設計上の視線だったりする。

◈そんなに長い年、二五〜二六になってもやってられるバイトじゃないから。客が若いから、二〇歳前後のお客さんというのが多いから、やってられないから、あと二、三年したら就職を考えないとなというのはありますね。

（二一歳・女性・高卒）

◈できるだけ早く就職して勤めたい。好きな業界というか、その範疇の中で仕事はやりたいと思っています。しかし、もし、この先一年も、まだまだ見つからなかったとなったら、さすがに普通の営業職でもといったことを考えるかもしれませんね。

（二五歳・男性・大卒）

◈もうこの年になると、コンビニとか喫茶店とかそういうところで働けなくて。高校生とかそういう自分より若い人がたくさんいるじゃないですか。そうすると、それで人間関係がうまくいくかみたいな感じで、こっちが断られる方が多いんで。

（二五歳・男性・高卒）

実際、二〇歳代後半以降の者では、正社員就職の可能性が狭まるという感触を持ち、「あせり」を感じさせる発言もある。

◈（フリーターを）続けるというつもりはないんで。もう年齢的にちょっと厳しいので、新しい仕事を始める上で、二五歳ぐらいじゃないとどこも採ってくれない。二六ぐらいでも厳しい。だから二七になっちゃうと、相当厳しいので、今の年齢で新しい仕事を初心者で始める場合に、今、二七歳で決めないと、もう新しい仕事を始めるとかというのは難しいんじゃないかというのは常に考えてるんで。チャンスがあれば申し込んで、社員の道に。

（二七歳・女性・短大専攻科卒）

◈正社員のほうとかもやってみたんですけど。だけど、もう年とっちゃうと、だんだん限られてくるんですよね。二五歳までとか。例えば会計事務所なんかでも、簿記の資格を持っているから行きますよね。それでも、今こういう時代だから、すぐ来てやってくれる人がいいというので、税理士の試験の、例えば科目合格ってありますよね。あれで三科目以上取っていないとだめとか、簿記と。まわった会社は三〇とか四〇とかそれ以上。

（二九歳・男性・大卒）

正社員の労働市場への参入には、年齢と上記のケースにあるような職業能力（の証明）が障壁と考えられている。中には、正社員の労働市場への参入以外の道を考え始めている者もいる。男性では、「リサイクルショップの開業」や「舞台衣装製作の自営」という起業であり、一方、女性の中には、結婚を片方で考えながら、収入を得る道としての職業にはこだわらないケースも見られる。

◈私はもともと、ずっとばりばりキャリアウーマンみたいに働くという考えではなかったので、結婚したら仕事はやめてもいいかなとか、そういう考えだったんですよ。（中略、今、希望している司会の仕事なら）土日とかお話のあったときに都合が良ければ入るという形でできるかなと思って。

（二四歳・女性・大卒）

◈女性なので、結婚とか、そういう逃げ道がどこかにあるから、そういう面ではせっぱ詰まっていないというのはあるんで、（中略）自分の好きなお仕事（女優で）である程度安定できるという所までを今目標にしているんですけど。

（二六歳・女性・高卒）

6　キャリア形成・能力開発上の問題点と対応策

フリーター期間を経て職業的方向が明確化している者は多い。将来にむけてのキャリア形成を意識し、「夢」に歩を進めている者もあれば、方向転換して違う道を歩きはじめようとしている者もいる。こうした者にとっては、フリーター期間はキャリア形成上重要な通過点となろう。しかし、一方で、「夢」に向かう具体的な活動や努力が欠け、「夢を持つ」という生き方が好ましいから「夢」を語っているにすぎない、ファッションとしての「夢追い」である者も見られる。また、モラトリアム状況を続ける者の中には、現状に満足しているわけではないが、かといって何の行動も起こさない状況に甘んじつづける者もいる。こうした場合、フリーター期間のキャリア形成上の意味は薄い。

次に、職業能力形成にアルバイト労働がどれだけ貢献しているかであるが、職業能力につながる職業経験はごく少ないと言えるだろう。ソーシャル・スキルのレベルでの能力の向上はしばしば語られたが、これは学校在学中の社会的経験の少なさに由来するものでもある。フリーター期間が短期に終われば問題は大きくないだろうが、長期化すれば職業能力形成の遅滞はやはり憂慮すべきものといえよう。

最後に現実の就業機会との接点については、「危うい」ものも少なくなかった。すなわち、職業や専門学校等の能力開発機会についての情報収集がほとんどされていなかったり、十分でないケースが多々あり、就業のチャンスが非常に少なかったり、生計を立て得る確立した職業となってはいないものを、そうした認識なくめざしている場合が見られた。「あまい」現実認識や「安易な」選択と言わざるを得ないケースである。とりわけ、商業ベースの教育機会の中には、就業可能性よりも教育機会を求める需要側のニーズに即して設定されるものが少なくない。いうなれば「夢食い産業」とでも言えるような教育機会である。何万人から一人というような希少なチャンスを争う芸能系の職業などについては、それはそれで成立する合理的な理由があるのだが、それにしても、事実への正確な認識のもとに、進路選択をすることは重要である。

対応策として考えられるのは、まず、フリーター期間を無為に長引かせないために、若年期の職業キャリア形成上の重要性を意識させること。この時期の職業能力形成の重要性を認識させること。具体的には、在学中の職業体験を含むキャリア教育の充実である。

また、正確な職業情報の提供と相談機会の充実。そのためには、親や教師など周囲の大人の助力が欠かせない。すなわち、正確な情報収集を若者が自力で行なうには限界があり、教育機会の信頼性について判断するにも関連業界の大人の助言が重要になる。そうした橋渡しを親が行なったケースがあったが、信頼に足る情報をどうしたら集め得るか、周囲の大人がその入口を教える必要があろう。もちろん、政策的にも正確な職業情報を提供し、若者向けの職業相談の機会を学校の内外に設けていく必要があるだろう。

第六章　諸外国のフリーター

1　フリーターは日本だけの問題か

フリーターはバブル崩壊後急激に増え、今や社会的な問題として語られるまでになった。フリーターの増加は、日本の若者だけに起こっているのだろうか。諸外国にはフリーターになる若者はいないのだろうか。

まず「フリーター」という言葉は、一見、英語のようだが、日本で造られた言葉で外来語ではない。一九八〇年代末に、アルバイト情報誌が使いはじめたもので、「フリー」と「アルバイト」をあわせてできた言葉である。そもそも「アルバイト」という言葉も和製だといってよい。ドイツ語の「労働」を意味するarbeitという語源はあるが、日本では、有期限の一時的雇用を意味する独特

図表6-1　学卒就職者に占める非正規雇用比率の国際比較

単位：%

国	男性		女性	
	有期雇用	パートタイム	有期雇用	パートタイム
日本	−	10.8	−	15.4
フランス	68.3	21.8	66.3	40.3
ドイツ	62.8	16.3	69.9	21.1
イギリス	27.3	45.3	25.7	54.1
アメリカ	−	23.1	−	35.3
OECD諸国平均	50.3	24.0	50.2	34.0

注：1）日本は1998時点、ドイツは1995時点、それ以外は1996年時点のもの。

2）日本は学校卒業後1年間に入職した29歳以下の者に占めるパートタイム労働者の割合を表し、他のOECD諸国については、学校を卒業してから1年後の16〜29歳の就労者に占める有期雇用、パートタイムの比率を表している。

＊労働省(2000)「労働白書」P402　より転載

原資料出所：労働省『雇用動向調査』、OECD『Employment Outlook 1998』

の使い方をしている。したがって「フリーター」と呼ばれる若者は海外にはいないといっていい。

働き方の実態としてはどうか。本書では、フリーターをパートタイムやアルバイトという雇用形態で働く、学生でも主婦でもない若者を指すことにした。パートタイムは一般労働者より短時間の雇用形態であり、アルバイトは、数日から数カ月といった期限に定めのある雇用契約に基づく労働である。こうした雇用形態で働く若者なら、各国の統計をあたることで、いるのかいないのか、いるとしたらどの程度なのかがわかるだろう。

二〇〇〇年の『労働白書』でも海外の事情を採りあげ、同じように期限のある雇用（＝有期雇用）やパートタイム雇用に注目している。図表6—1が『労働白書』に使われた資料で、OECDの統計から引用している。注にあるとおり、日本の場合は企業に対する調査によって、学校卒業後一年以内の新規採用者のうちのパートタイム雇用者の比率をとっている。他のOECD諸国は、学校卒業一年後時点での就業者に占める期限に定めのある雇用者の比率、およびパートタイム雇用者の比率である。日本のこの統計では雇用形態にアルバイトという選択肢はなく、一般労働者かパートタイム労働者（一般の労働者より一日のあるいは一週間の労働時間が短い労働者）しかない。パートタイムの比率で比べると、日本の男性で一一％、女性で一五％というのは、ここでとりあげられている他の四ヵ国より低いし、OECD諸国平均と比べても格段に低い。

有期雇用の方はフランス、ドイツでは六〜七割を占めている。イギリスではこれは三割以下と比較的低いが、その分パートタイム比率が五割と高い。日本の場合はどうか。学校卒業後一年という時点を考えれば、有期限雇用者がそれほど多いとは常識的に思えない。白書では用いられていない別の統計で、一五〜二四歳層（在学中を除く）のアルバイト名称の雇用者の比率をみると、男性で雇用者の九・四％、女性で一三・四％になっている（総務省、二〇〇〇年）。いずれにしろ、日本の若者のパートタイム雇用者や有期限雇用者の比率は、他のOECD諸国と比べると低いのは間違いない。学校卒業後、パートタイムやアルバイトの形態で働く若者は、欧米の方が明らかに多いのである。

しかし、欧米にはフリーターという言葉は生まれていないし、若年期のパートタイムや有期限雇用を問題視した議論は聞こえてこない。

「失業」は問題にされてきた。一九七〇年代、八〇年代と多くの欧米諸国では若者の失業率は高く、また、長期化していたという。その中で、失業と一時的雇用を繰り返す若者層については最近注目されてきたが、(1)あくまで失業問題の枠で捉えられている。わが国に比べて圧倒的に若者が有期限雇用やパートタイム雇用に就くことが多いのだが、そのこと自体を問題にするというのではなかった。

彼我で何が違うのか。

それを実証的なデータにより比較検討したいのだが、現在私が使えるデータは、第四章で用いた日本とヨーロッパ一一ヵ国の大学卒業四年目の卒業生調査である。より学歴の低い若者の問題は大きいと思うが、ここではデータの制約から大卒レベルの若者だけを取り上げて考える。(2)わが国で今急激に増えている大学卒業時に就職も進学もしない若者、こういう問題はヨーロッパ諸国にはないのだろうか。

2 大学卒業直後の就業状況

先の章で見たように、日本の大卒者では大学卒業直後に、おおむね六割が正規雇用、すなわち期限の定めのないフルタイムの雇用形態で働いていた。

同じように卒業直後の就業状況を調査結果から探ろうとすると、欧州諸国では、卒業直後の状況がはっきりしない者が多い。調査票は、仕事に就くことになったり、職場や仕事を変わったりするたびにその状況について回答欄に記入してもらう形式である。が、欧州諸国の回答者では、卒業から最初の記載時点まで期間が空いている場合が非常に多い。日本の場合は、三月の卒業、四月の就職や進学という者が多くて空白期間がないのが一般的だが、欧州の調査票では卒業時点から数ヵ月の空白があるケースが少なくない。調査票自体は、失業期間等についても書き込んでもらう設計で、空白期間はないはずだったが、実際には記載のない期間が多く見られた。この空白期間は、まとめる段階では「不明」としか表せない。

こうした空白期間ができる一つの理由は、欧州諸国では大学の卒業時期が夏休み期間の直前となることが多いからだろう。そう考えて、少し長めに四ヵ月後まで期間を延ばして状況変化を見てみることにした。図表6—2が、卒業後四ヵ月目までと長く期間をとった時の就業状況である。「欧州計」をみると、この時点でも「不明」が四〇％を超えている。状況が把握できない者が少なくない。今、わかっている部分だけに注目すると「期限に定めのないフルタイム」は、欧州の欄をみると合計では一〇％しかいない。これに対して、「無業」は二一％、「パートタイムまたは有期限雇用」も一二％と多い。「期限に定めのないフルタイム」は日本で言う正社員に当たるのだが、これよりパートタイムや有期限雇用のほうが明らかに多いのである。各国別の状況を見ても、ほとんど同じことが言える。イギリス、チェコ、オランダ、ノルウェーが、これらの中では、「期限に定めのないフルタイム雇用」の多い国と言えるが、チェコ以外は「無業」の方が多いし、さらに、オランダやノルウェーでは「パートタイムまたは有期限」の雇用者もまた多い。チェコで比較的「パートタイ

図表6-2 卒業4ヵ月目までの状況（国際比較）

単位：%、ただし太字は実数

	日本	欧州計	イギリス	チェコ	オランダ	ノルウェー	ドイツ	オーストリア	フランス	イタリア	フィンランド	スウェーデン	スペイン
合計	100.0	100.0	100.0	100.0	100.0	100.0	100.0	100.0	100.0	100.0	100.0	100.0	100.0
実数	**3,421**	**33,276**	**3,461**	**3,093**	**3,087**	**3,329**	**3,506**	**2,312**	**3,050**	**3,102**	**2,675**	**2,634**	**3,027**
期限に定めのないフルタイム	61.5	10.4	21.5	21.1	18.4	17.5	9.2	7.6	4.3	3.0	2.5	2.4	2.3
自営	1.5	1.6	1.3	2.0	2.5	0.8	2.7	3.4	0.1	2.7	0.4	0.0	1.6
パートタイムまたは有期限	12.8	11.5	15.3	8.1	23.1	21.7	7.7	9.4	3.9	7.1	10.7	1.9	14.7
高等教育進学	12.0	9.9	12.4	11.1	10.0	6.2	9.5	7.8	33.1	2.6	5.5	0.0	8.7
職業訓練	3.2	3.2	3.1	1.0	1.7	1.7	2.0	5.7	6.9	4.2	0.7	0.7	7.6
無業	6.4	20.7	23.7	12.7	21.3	19.3	27.0	26.8	18.3	35.5	9.9	0.3	28.8
その他・無回答・不明	2.5	42.7	22.8	44.1	22.9	32.8	41.9	39.4	33.4	45.0	70.2	94.8	36.3

ムまたは有期限」や「無業」が少ないと言っても、両者を合わせると「期限に定めのないフルタイム」を超える比率になる。わが国での「期限に定めのないフルタイム」の比率は、これらを合わせた数の三倍以上と、圧倒的に多い。卒業直後に「正社員」となる比率は、わが国の方が圧倒的に多いのである。

先に見たOECDの統計と同様に、この調査結果からも、国際的に見れば、日本の大卒者のパートタイムや有期限雇用の比率は低いことが確認される。

なお、ここでは「期限に定めのないフルタイム」と「パートタイムまたは有期限」を対比させて考えているが、本来、働く時間の短い「パートタイム」と雇用契約に期限があるという意味の「有期限雇用」とは別の概念である。わが国の文脈では「正社員」と「それ以外の雇用者（その一部であるフリーター）」という対比が重要なので、ここではこういう組み合わせを採っている。欧州諸国には、「期限に定めのないパートタイム」が一般的で、フルタイム雇用とは労働時間が異なるだけで、法的な権利や仕事の内容の上でもまったく違いはないという国もある。有期限雇用とパートタイム雇用を一緒にして論じることは、かなり質の違うものを混ぜて本質をわからなくする危険がある。しかし、ここではわが国の「フリーター」をより理解するための国際比較であることから、あえて、日本的文脈に引き寄せて、「パートタイムまたは有期限雇用」とまとめた上で、正社員と対比して考えたい。

3 卒業四年目の就業状況

さて、大学卒業から四ヵ月目と、ＯＥＣＤの統計の卒業一年後までは、明らかに日本の若者の方がパートタイムや有期限雇用が少なかった。その後はどうか。この調査は、卒業から約四年を経た時点に行なわれているが、その調査時点での就業状況が図表6―3である。

この時点では、我が国の場合、男性の八一％、女性の六三％が「期限の定めのないフルタイム雇用者」であり、「パートタイムまたは有期限雇用」は男性の六％、女性の一五％、失業は男性四％、女性四％で、特に男性で卒業直後に比べて正社員が増えている。

欧州の場合はどうか。まず欧州の対象者の統計を見ると、「期限に定めのないフルタイム雇用」は男性の五九％、女性の四四％と卒業四ヵ月後に比べれば大幅に増加している。また、「パートタイムまたは有期限雇用」は男性の一六％、女性の二五％、失業は男性三％、女性四％で、わが国と

図表6-3　卒業後約4年目の状況

単位：%、ただし太字は実数

	日本	欧州計	イタリア	スペイン	フランス	オーストリア	ドイツ	オランダ	イギリス	フィンランド	スウエーデン	ノルウェー	チェコ
男性計	100	100	100	100	100	100	100	100	100	100	100	100	100
実数	**1,808**	**14,886**	**1,453**	**1,291**	**1,380**	**1,206**	**1,960**	**1,350**	**1,402**	**1,047**	**1,151**	**1,344**	**1,302**
期限に定めのないフルタイム	80.7	58.6	38.7	24.0	64.7	59.0	59.1	66.6	70.0	58.2	69.1	66.7	69.4
パートタイムor有期限	6.2	16.3	15.5	26.1	9.4	22.1	16.0	20.4	12.4	24.0	8.0	13.6	13.4
自営	1.5	7.8	23.4	9.1	1.7	8.0	8.2	6.4	4.1	3.7	3.7	4.2	10.2
失業	3.5	2.5	2.3	8.2	4.0	2.5	2.1	1.3	2.4	1.6	0.5	0.8	1.2
専門的訓練	0.6	1.4	4.9	1.3	3.9	1.3	1.3	0.0	1.2	0.0	1.2	0.0	0.0
大学院	5.0	5.0	7.6	3.1	12.0	2.4	3.5	1.2	5.6	1.9	7.9	5.1	4.3
子育て・家事	0.1	0.2	0.0	0.1	0.0	0.2	0.2	0.1	0.3	0.3	0.4	0.1	0.2
その他・無回答	2.5	8.3	7.6	28.1	4.3	4.3	9.6	4.0	3.9	10.3	9.1	9.4	1.4
女性計	100.0	100.0	100.0	100.0	100.0	100.0	100.0	100.0	100.0	100.0	100.0	100.0	100.0
実数	**1,613**	**18,282**	**1,649**	**1,730**	**1,670**	**1,101**	**1,526**	**1,701**	**2,034**	**1,617**	**1,478**	**1,985**	**1,791**
期限に定めのないフルタイム	62.9	44.0	27.7	13.8	49.0	40.6	37.9	46.4	61.6	41.2	55.3	51.4	53.8
パートタイムor有期限	14.9	25.0	24.5	29.2	17.1	28.6	30.1	36.5	17.9	34.7	17.2	26.2	15.6
自営	2.2	4.9	13.1	6.2	1.1	9.4	6.8	3.5	3.9	2.9	2.0	2.2	4.9
失業	3.8	4.0	6.7	11.8	9.1	4.8	3.0	1.9	2.0	1.3	1.4	0.9	2.0
専門的訓練	1.1	1.9	7.0	2.5	5.4	0.8	1.5	0.0	2.0	0.0	2.3	0.0	0.0
大学院	3.8	4.7	7.7	4.2	13.1	2.5	3.5	1.4	6.0	2.3	4.9	3.6	2.0
子育て・家事	7.6	6.0	2.8	0.6	1.9	9.4	7.9	2.6	2.7	5.3	10.4	3.5	21.6
その他・無回答	3.7	9.4	10.6	31.6	3.4	3.8	9.2	7.6	4.0	12.3	6.6	12.1	0.2

の差は小さくなっている。

国別に見ると、イギリス、スウェーデン、チェコでは男女とも「期限に定めのないフルタイム雇用者」の比率が高い。むしろイタリア、スペインでとりわけこの比率が低い他は、男性では六〇～七〇%が女性では四〇～六〇%が「期限に定めのないフルタイム」になっているわけで、この時点までくると、多くのヨーロッパ諸国と日本との「期限に定めのないフルタイム」比率はあまり違わないといえる。

すなわち、高等教育卒業

図表6-4　期限に定めのないフルタイム雇用者のこれまでの経験企業数

単位：%、ただし太字は実数

	男性		女性	
	日本	欧州計	日本	欧州計
男計	100.0	100.0	100.0	100.0
実数	**1,459**	**8,707**	**1,014**	**8,040**
1社	80.9	42.7	72.3	41.0
2〜3社	13.2	33.1	18.3	30.8
4社以上	5.2	22.7	8.0	26.4
不明・無回答	0.8	1.4	1.4	1.7

者の多くが「期限に定めのないフルタイム雇用」に就く傾向は、日本と多くの欧州諸国で変わらないこと、一方、「期限に定めのないフルタイム雇用」への移行にかかる時間は日欧で異なり、わが国では非常に短いことが指摘できる。移行の途上でパートタイムや有期限の雇用者となっている状況を「フリーター」と呼ぶなら、欧州諸国のほうが日本よりずっと多くのフリーターを出していることになる。

日欧で共通している点としては、このほか、移行の形態が男女で大きく違うことが指摘できる。つまり、どの国も男性に比べて女性では「雇用期限に定めのないフルタイム雇用者」が少なく、「パートタイムまたは有期限雇用」が多い。また、失業者の比率も一部の国を除いて女性の方が高い。こうした性差は「期限のないフルタイム雇用」が相対的に長時間の労働形態であり、性別役割分業と実質的にリンクしていることからきていると考えられる。このフルタイムとパートタイムの男女差はどの国にも見られるが、わが国ほど顕著な国はない。わが国の男女差が一番大きい。

また、移行プロセスで日欧の違いが大きいのは、この間の企業への定着である。一定期間後には同じように「期限に定めのないフルタイム雇用」に至っていると言っても、その間に勤めた企業の数は日本とヨーロッパ諸国では大きく違う。調査時点で「期限に定めのないフルタイム雇用者」である者について、これまでの経験企業数を見ると（図表6―4）、日本では一社という者が男性で八割、女性で七割を占め、多くが最初の職場に定着しているといえる。これに対して、欧州各国ではこれは男女とも四割前後で、二社、三社、四社と経験している者の方が多い。欧州諸国の大卒者の方が、多くの企業を経験しながら時間をかけて「期限の定めのないフルタイム雇用」を獲得しているのである。

わが国の大卒者は、国際的に見れば、卒業直後から「雇用期限に定めのないフルタイム雇用」に移行する者が非常に多いし、また、その雇用先に定着する者が多い。とりわけ男性でこの傾向が強い。この背後にあるのは、新規学卒一括採用と長期雇用に特徴付けられるわが国の企業の雇用慣行だろう。

4　キャリア形成と意識の比較

大卒者の実態調査をもとに検討すると、大学卒業直後の「パートタイムまたは有期限雇用」は、欧州諸国の方がわが国よりずっと多かった。では、なぜ日本でこれだけ問題にされているのか。私は、「パートタイムまたは有期限雇用」の内容が異なり、そのキャリア形成上の意味が日本と欧州諸国では異なるからだと考えている。最近までの日本におけるキャリアモデルは、学校卒業と同時に正社員として採用され、長期にわたって同一企業に勤続しつづけるという「終身雇用」型雇用慣行に対応したものであった。そこでは「期限に定めのないフルタイム雇用」がキャリアの出発点として当然視されてきた。こうしたわが国で、「パートタイムまたは有期限雇用」に就くことは、日本型雇用慣行のないヨーロッパ社会でのそうした雇用形態で働くことと大きな違いがある。安定的でない就業状況であることは変わらなくとも、キャリアという個人の将来へつながっていく職業的連鎖を考えたとき、まったく意味が異なるのではないか。

まずは、実態調査結果から「パートタイムまたは有期限雇用」の質について、わが国と欧州諸国での異同を吟味してみよう。

産業・企業規模・職業

図表6—5では、日本と欧州の「パートタイムまたは有期限雇用」について、産業、企業規模、職業の分布の違いを性別に見た。

産業別分布をみると、男性でも女性でも日欧に共通して、教育分野の比率が高い。日欧で異なるのは、これに次ぐもので、欧州では「保健医療・福祉」が多い。欧州では、大卒の「パートタイムまたは有期限雇用」者の多くが教育・医療保険・福祉の分野に集中しており、男性の五割、女性の六割に達している。これに対して、日本では教育に次ぐものは「その他のサービス」であり、さら

図表6-5　国・雇用形態別現職産業・規模・職業

単位：%　太字実数

			男性				女性			
			無期限&フルタイム		有期限orパート		無期限&フルタイム		有期限orパート	
			日本	欧州計	日本	欧州計	日本	欧州計	日本	欧州計
			100	100	100	100	100	100	100	100
			1459	**8719**	**112**	**2422**	**1014**	**8050**	**241**	**4569**
産業	鉱業・製造·建設		27.6	27.9	9.8	10.9	16.1	13.2	7.1	5.4
	卸・小売、飲食		11.2	5.3	10.7	2.6	10.7	5.9	7.1	3.2
	金融保険		8	6.9	0.9	3.3	7.1	5.8	6.2	1.9
	事業・専門サービス		11.3	23.5	10.7	15.4	12.1	16	5	9.4
	教育		6.3	6.9	17.9	29.5	14.2	19	24.1	32.3
	医療保健・福祉		4.5	6.2	5.4	17.2	10	16.6	4.6	27
	その他公務		12.8	7.9	6.3	6.8	11.3	10.5	9.1	7.5
	その他のサービス		6	3.3	15.2	5.3	8.1	4.6	14.9	6.2
	その他の産業		8.1	8.1	4.5	4.2	5.4	4.8	9.1	2.3
	無回答		4.2	4	18.8	4.8	5	3.6	12.9	4.7
規模	民間	*29人以下*	*8.4*	*11.1*	*25.5*	*19.7*	*16.4*	*13.7*	*17.3*	*24*
		30〜99人	*10.5*	*11.3*	*19.1*	*11.3*	*12.4*	*12.1*	*15.4*	*16.2*
		100〜499人	*26.2*	*19.9*	*29.8*	*24.5*	*28.5*	*21.8*	*24*	*23.5*
		500〜999人	*11.6*	*8.1*	*4.3*	*8.2*	*8.8*	*7.8*	*10.6*	*9.1*
		1000〜4999人	*24.7*	*19.7*	*10.6*	*18.5*	*21.8*	*20.5*	*17.3*	*15.5*
		5000人以上	*17.3*	*26.3*	*5.7*	*13.2*	*10.8*	*19.9*	*12.7*	*8.8*
	公務		20.7	23.7	26.8	54.2	25.7	43.9	25.3	55.3
	無回答		4.2	19.9	31.3	16.5	6.8	19.3	31.5	20
職業	管理的職業		5.6	11.1	4.5	5.2	3	11.5	0	5.8
	専門職		37.7	57.9	32.1	68.5	37	49.8	34.4	60.7
	準専門職		3.7	15.2	3.6	11.4	3.1	20.8	3.3	17.3
	事務職		22.1	2.4	15.2	4.9	38.3	4.2	32.8	4.9
	サービス・販売職		20.4	0.7	14.3	1.2	10.2	1.2	10.8	2.1
	製造工程・農業・漁業		3.2	0.5	2.7	1	1.2	0.2	1.7	0.3
	その他		1.1	1.1	1.1	1.1	1.1	1.1	1.1	1.1
	無回答		6.4	6.4	6.4	6.4	6.4	6.4	6.4	6.4

に男性では「卸・小売り、飲食」の比率も大きい。この分布が日本と欧州では大きく異なる。

規模別には公務員を別掲してここに含めたが、この公務員の比率の違いが大きい。欧州の場合、男女とも半数以上が公務員であるのに対して、日本では四分の一から五分の一程度であり、この違いが大きい。民間セクターでの規模の上では、日本の男性で中小規模比率が高い傾向があるが、それほど大きな違いではない。

就業職種では、大きな違いがある。欧州諸国では専門職あるいは準専門職に就いている者が男性でも女性でも八割に達している。わが国でも専門職は少なくはないが、事務や「サービス・販売職」の割合も大きく、これが男性で三割、女性で四割に達している。

欧州の「パートタイムまたは有期限雇用」は日本のそれと比べて、公務部門、専門職、教育・医療・福祉分野の占める比率が非常に高い。

では「パートタイムまたは有期限」は「期限に定めのないフルタイム雇用」とそれぞれどの程度異なるのか。違いの程度を見てみよう（図表6―5）。男性の場合、日欧に共通して、「期限に定めのないフルタイム」のほうが、公務員が少なくて民間セクターが多いこと、製造業が多く、民間セクターの大企業比率が高いことが指摘できる。特に欧州で「期限に定めのないフルタイム」の民間企業比率は高く、日本とあまり変わらない水準になっている。職種の上では、欧州の場合に専門職が少なくなるが、専門職・準専門職に集中していることは「パートタイムまたは有期限」と変わらない。日本では専門職の比率も高いが、販売・サービスや事務はあわせて四割以上と大きな比率になっている。日本の男性の場合、「期限に定めのないフルタイム」雇用で事務や販売の比率が高いのは、わが国の事務系ホワイトカラーの企業内キャリア、すなわち専門職として入職せず、事務や販売職で入職して企業内で職種異動を経験しながらキャリアを形成していく慣行を反映しているからである。これに対して、欧州では「期間に定めのないフルタイム雇用者」は、日本と同じように民間大企業に多く所属するが、当初から専門職で入職する慣行のために、職種の上では「パートタイムまたは有期限雇用者」とほとんど違わない。

女性を見てみよう。女性の場合も、日欧に共通して「期限に定めのないフルタイム」では教育分野に集中することがなくなり、また、欧州では医療・福祉分野も低くなっている。その分、他の産業分野の比率が全体に高くなっている。公務員の比率は日本では同水準だが、欧州では男性同様「パートタイムまたは有期限」より低い。しかし、男性ほどの低下幅ではなく、「期限に定めのないフルタイム」でも四割以上が公務員である。欧州の大卒女性の職業進出は特に公務に偏っていることがうかがわれる。また、職業構成でも欧州では男性同様専門職の比率が下がってはいるが、やはり同様に、専門職・準専門職に集中している点は変わらない。日本の女性では、専門職と事務が特に多いという構成はどちらの就業形態でも変わらない。わが国でも、女性は「パートタイムまたは有期限」と「期限に定めのないフルタイム」との間の違いは小さいように見える。

図表6-6　国・雇用形態別現職産業・規模・職業

単位は、総年収は円、労働時間は週平均労働時間

			総年収		総労働時間		所定労働時間		総年収/総労働時間	
男	日本	無期限＆フルタイム	393.1	*100*	52.04	*100*	40.31	*100*	7.55	*100*
		有期限orパート	243.4	*62*	35.30	*68*	31.31	*78*	6.90	*91*
	欧州計	無期限＆フルタイム	398.8	*100*	46.65	*100*	39.28	*100*	8.55	*100*
		有期限orパート	292.4	*73*	44.67	*96*	35.22	*90*	6.55	*77*
女	日本	無期限＆フルタイム	335.5	*100*	47.83	*100*	40.18	*100*	7.01	*100*
		有期限orパート	194.8	*58*	35.21	*74*	31.92	*79*	5.53	*79*
	欧州計	無期限＆フルタイム	315.1	*100*	43.54	*100*	37.81	*100*	7.24	*100*
		有期限orパート	248.8	*79*	37.90	*87*	31.29	*83*	6.56	*91*

注：１ユーロ＝122.7円で換算

年収・労働時間

年収・労働時間についても、同じように比較してみよう（図表6―6）。ここでは調査時点現在「期限に定めのないフルタイム雇用」であるか「パートタイムまたは有期限雇用」であるかで分けたうえで、総年収、総労働時間、所定労働時間の平均値を求めた。さらに斜体の数字は、「期限に定めのないフルタイム雇用者」のそれぞれの値を一〇〇とした時の「パートタイムまたは有期限雇用者」の平均値の比を示している。

この斜体の数字に注目する。男性の場合、「パートタイムまたは有期限雇用者」は、日本では総年収は六二とフルタイム雇用者より大幅に低く、所定労働時間は七八、総労働時間は六八とフルタイム雇用者よりかなり短い。欧州でも「パートタイムまたは有期限雇用者」の総年収は七三とフルタイム雇用者より低い。所定労働時間は九〇で若干少なく、総労働時間は九六とフルタイム雇用者との違いは少ない。日欧の差を見るために単位時間あたりの収入を出してみた（総年収／総労働時間）。これについても同様に、

「期限に定めのないフルタイム」を一〇〇とした時の比を求めると、日本の男性は九一、欧州の男性は七七と欧州の方がフルタイム雇用者との格差が大きいことがわかる。

欧州では就業形態による職種上の違いが少なかったはずなのだが、単位時間収入ではかなり大きな格差がある。なぜだろうか。考えられることとして、パートタイムや有期限での専門職は、「期限に定めのないフルタイム」専門職へのトレーニングという意味あいがあって、それゆえに年収レベルに差があるのかもしれない。あるいは、日本の場合、フルタイムの雇用者の総労働時間が特に長く、週五二時間にも達している。この長さがフルタイム雇用者の単位時間当たりの年収を引き下げている可能性があり、そのためにパートタイムや有期限雇用との差が小さく見えているのかもしれない。

女性の場合、「パートタイムまたは有期限雇用者」の総年収は、日本では五八とフルタイム雇用者より格段に低い。また、日本では、所定労働時間も総労働時間もフルタイム雇用者の七九、七四と短い。欧州では総年収は七九とそれほど低くはない。労働時間はそれぞれ八三、八七で日本より差が小さい。その結果、単位時間あたりの収入（総年収／総労働時間）は、総年収の少なさから、日本の「パートタイムまたは有期限雇用者」の方が低くなっている。

「パートタイムまたは有期限雇用者」の労働条件上の格差は、男女で現れ方が異なり、男性で欧州の方が差が大きく、女性では日本の方が差が大きかった。なぜなのか、十分説明できないが、日本の「パートタイムまたは有期限雇用者」の場合、労働時間のうえでは男女差はほとんどないが、年収での男女差は非常に大きい。欧州の「パートタイムまたは有期限雇用者」では、性差は非常に小さい。日本の「パートタイムまたは有期限雇用」における男女の労働条件の違いが、大きな理由になっていると思われる。

意識

現職への適合観・満足感等についても同様に比較検討してみよう（図表6―7）。仕事の学歴に対するふさわしさについては、欧州では「期限に定めのないフルタイム雇用」でも「パートタイムまたは有期限雇用」でも「完全にふさわしい」が非常に多く、両者の差は少ない。これに対して日本では、欧州に比べて「ふさわしい」とするものが全体に少ないが、そのなかで「パートタイムまたは有期限雇用」の方が「ふさわしくない」という回答が多い。平均点を見ると両者の差が明らかである。ただし、日本の男性では「完全にふさわしい」という者が「パートタイムまたは有期限雇用」の方により多くいる。若干の差であるが、「パートタイムまたは有期限」のひとつの側面として留意しておこう。

在学中に修得した知識・技能を現在の仕事に使っているかについては、やはり欧州では「期限に定めのないフルタイム雇用」でも「パートタイムまたは有期限雇用」でも「使っている」という者が多い。日本では、平均点を見ても欧州より数値が低いように、「使っている」とするものの比率は低いが、その中でむしろ「パートタイムまたは有期限雇用」の方に「使っている」が多い結果に

図表6-7　国・雇用形態別現職への適合観・満足感

単位：%

	男性				女性			
	日本		欧州計		日本		欧州計	
	無期限&フルタイム	有期限orパート	無期限&フルタイム	有期限orパート	無期限&フルタイム	有期限orパート	無期限&フルタイム	有期限orパート
	100.0	100.0	100.0	100.0	100.0	100.0	100.0	100.0
あなたの仕事は学歴にどの程度ふさわしいか								
完全にふさわしい	10.9	13.0	34.4	35.9	15.0	9.8	40.1	38.8
ややふさわしい	31.3	19.0	39.3	33.1	35.8	24.0	32.7	30.1
どちらともいえない	38.5	29.0	17.1	18.4	34.2	36.4	16.0	16.4
あまりふさわしくない	13.9	21.0	7.1	8.3	11.9	17.3	8.2	9.6
まったくふさわしくない	5.5	18.0	2.2	4.3	3.1	12.4	3.1	5.2
（平均点）	*3.3*	*2.9*	*4.0*	*3.9*	*3.5*	*3.0*	*4.0*	*3.9*
在学中に獲得した知識や技能をどのくらい使っているか								
頻繁に使っている	7.7	16.5	18.3	30.4	10.7	17.9	24.9	30.9
かなり使っている	15.1	15.2	35.8	31.5	14.3	18.5	34.2	33.0
やや使っている	32.8	29.1	34.4	25.1	35.8	22.8	32.5	25.9
あまり使っていない	35.2	21.5	18.7	13.2	30.8	31.0	16.3	12.6
まったく使っていない	9.2	17.7	3.0	4.1	8.4	9.8	3.6	3.5
（平均点）	*2.8*	*2.9*	*3.4*	*3.7*	*2.9*	*3.0*	*3.5*	*3.7*
現在の仕事にどの程度満足しているか								
とても満足している	9.4	7.6	21.8	17.8	8.8	10.3	23.4	21.2
やや満足している	36.7	30.5	48.3	44.4	44.7	38.9	45.3	41.1
どちらともいえない	24.4	30.5	21.4	25.1	21.4	26.5	22.2	26.0
あまり満足していない	22.7	19.0	7.0	10.2	20.6	18.4	7.1	9.0
まったく満足していない	6.8	12.4	1.6	2.4	4.5	6.0	2.0	2.7
（平均点）	*3.2*	*3.0*	*3.8*	*3.7*	*3.3*	*3.3*	*3.8*	*3.7*

注：質問のない場合や無回答については、合計から除いている。したがって、それぞれの計の実数は異なるが、掲載は省いた。

「仕事の学歴へのふさわしさ」は「完全にふさわしい＝5」「ややふさわしい＝4」「どちらともいえない＝3」「あまりふさわしくない＝2」「まったくふさわしくない＝1」としたときの平均点。

「大学の知識や技能の使用度」は「頻繁に使っている＝5」「かなり使っている＝4」「やや使っている＝3」「あまり使っていない＝2」「まったく使っていない＝1」としたときの平均点。（日本調査のみ「今の仕事は学習内容とは無関係」という選択肢があったが、ここでは集計から省いた。）

「現在の仕事への満足感」は「とても満足している＝5」「やや満足している＝4」「どちらともいえない＝3」「あまり満足していない＝2」「まったく満足していない＝1」としたときの平均点。

なった。この背景には教育分野の専門職が「パートタイムまたは有期限雇用」に相当含まれていることが考えられる。

ただし、この設問は日本の調査にのみ「現在の仕事には高等教育の学習内容は無関係」という選択肢を設けているため、日欧での比較は困難である。日本の調査では、調査設計時にこうした選択肢を追加しなければ答えにくい人が多いという判断でこの選択肢を付け加えた。大学で獲得した知識や技能を仕事に役立てるという発想が日本ではなじみにくいと思えたからである。「パートタイムや有期限」雇用者ではこの「無関係」を選ぶ者が多かった。雇用形態による知識や技能の有用感の差は、日本国内のほうが、欧州諸国より大きい。

さらに、満足感であるが、これについては雇用形態による違いはそれほど大きくない。平均値で比べてもほとんど差がない。どちらかといえばフルタイム雇用者の方が満足とする者が多いことは日欧で共通した傾向である。

5　日本の大卒者のパートタイム・有期限雇用の問題点

ヨーロッパ諸国の大卒者と日本の大卒者の卒業後三年ほどの経験について、パートタイム雇用や有期限雇用に注目して比較してきた。

ここで、まず、考慮しなければならないのは、日本とヨーロッパ諸国では大学の専門性と卒業後の職業との関係が大きく異なることである。ヨーロッパ諸国の大卒者は、大半が専門技術職に移行している。わが国に比べれば、大学で習得した知識・技能を仕事に発揮していると考える者が多いのも、このことに由来しよう。一方、わが国では大卒者が事務職や販売職で就職することも一般的である。長期にわたる同一企業内でのキャリア形成を前提とした、入口の仕事としての事務や販売である。大学で取得した知識・技術がその時点の仕事に生かされていなくとも、長期的なキャリア形成を前提にしているから、それは大きな問題とは考えられてこなかったと思われる。

こうした大学と職業との接続の違いを考えるとき、日本の大卒者が十数万人という規模で就職も進学もしない無業者として卒業していく事態は看過すべき問題ではなく、社会として対応を考えるべき問題であると思う。欧州の大卒者の方が卒業直後に無業やパートタイム・有期限雇用者になる比率は圧倒的に高く、さらに、卒業後四年目でもその比率はわが国より高い。しかし、欧州の場合は大学教育と結びついた専門職に移行する過程での無業やパートタイム・有期限雇用である。わが国の事務や販売職からスタートするキャリアへの移行とは大きく異なる。専門職としてのキャリア形成には雇用形態の影響は小さい。

わが国でも、医療系の学部卒業者で卒業直後の非正規雇用比率が高いが、これは専門職への入職経路の制度や慣行の問題であり、キャリア形成上の支障となるものとはいえない。医療系や教育系、芸術系などの学部系統では、わが国でも大学教育に結びついた専門職に就くことが多いが、こうした層での無業や非正規雇用と、企業内ホワイトカラーに移行してきた層での無業や非正規雇用の増加とは別の議論が必要である。今対応を急がなければいけないのは後者であると思う。教職課程卒業者が教員に就けないといった専門職での移行の問題もあるが、限定的な問題だと思われる。事務や販売職からキャリアをスタートするわが国の大卒者に特徴的な移行は、正社員として就職して初めてキャリア形成が始まるといえる。正社員で就職しないことの問題は、専門職としての移行とは違う重さがある。

また、それは職業能力獲得のチャンスの問題でもある。事務や販売職から始まるわが国の大卒ホワイトカラーでは、入職後のＯＪＴを含む、職場主導の能力開発が大きな役割を果たし、大学の専門教育は職業能力と直結することを求められてこなかった。正社員で就職していない者には、あらためて職業能力開発の機会が必要である。それは、卒業後に限らず、大学在学中の教育内容の再考を含めて考えていかねばならないと思う。

最後に、あらためてわが国の大卒者で、「パートタイムまたは有期限雇用」に就くのは女性が特に多いこと、さらに、女性の場合、「パートタイムまたは有期限雇用」の労働条件はフルタイムとの格差が著しいことを指摘しておきたい。非正規雇用は低賃金と女性労働に強く結びついている。この結び目をほどき、性によらない、労働時間によらない、雇用期間によらない公正な労働のルールをめざせないものか。「パートタイムの正社員」といった最近の雇用形態の議論がさらに広がることを期待している。

第七章　「学校から職業への移行」の変化

1　新規学卒採用の変化

日本社会では、学校を卒業と同時に就職することがごく一般的なことだと考えられてきた。わが国の大企業や官庁には、毎年四月に新規学卒者を正社員として大量に採用する慣行があるからである。採用計画はこの新規学卒採用を基本にたてられ、一般労働市場からの採用（中途採用）は臨時のものととらえられてきた。中小規模企業では、実際は一般労働市場からの採用の方が普通だが、それでも新規学卒採用ができればその方が望ましいと考える企業が多かった。

公共職業安定機関でも新規学卒者への求人は一般労働市場への求人とは別枠で取り扱われてきた。統計も別々に存在し、一般求人・求職の状況を示す有効求人倍率（＝有効求人数／有効求職者数、

「有効」は公共職業安定所に申し込んだものの有効期間が存続していること）と新規学卒（中学卒、高校卒）予定者の求人倍率がそれぞれ別に公表されている。この数字をみると、たとえば、有効求人倍率は二〇〇一年平均で〇・五九倍とほぼ二人の求職者に対して一つの就職口しかない状況だが、新規高卒予定者に対する求人倍率は、二〇〇二年三月卒業者では一・三二倍と一人の高校生に対して一件を超える就職口があった。一人の求職者に対する求人の数からいえば新規高卒者の方が二倍有利であり、事業所側が新規学卒者を好んでいることがうかがわれる。

ただし、九〇年代はじめには高校生への求人は三倍以上に達していたから、この頃に比べれば新規高卒者を望ましいとする事業所側の選好は弱くなっているといえる。

事業所側が新規学卒者を好んで採用してきた理由は、新規学卒者が訓練可能性が高くかつ安価な労働力であるからだといわれている。日本型といわれる長期雇用慣行の下では、教育訓練に若干時間がかかっても、技能・技術や企業文化を吸収して伸びる可塑性の高い労働力は重要である。また、長期雇用を前提とした年功的な要素の強い賃金体系では、学卒直後の若い労働力はもっとも安価である。こうした点から日本の企業は新規学卒者を魅力ある労働力だと考えてきたのであり、新規学卒採用はわが国の長期雇用慣行と表裏をなすものである。

その日本型の雇用慣行が大きく変化している。その変化をよく表しているのが、少し前に日経連（一九九五）が示した雇用のポートフォリオという考え方だろう。これは、雇用の形を「長期蓄積能力活用型」「高度専門知識活用型」「雇用柔軟型」と三つに分け、この組み合わせをそれぞれの企業で工夫していくという考え方である。「長期蓄積能力活用型」とは新規学卒採用で長期にわたり同一企業で雇用するタイプで、これまでの長期雇用慣行での考え方である。これに対して、「高度専門知識活用型」は高い技能を持った者を年俸制などにより一時的契約で雇用するタイプ、「雇用柔軟型」はあまり高い技能を要しない仕事について、アルバイトやパートタイムなどの形態で一時的に雇用するタイプである。変化の大きい先の見えにくい社会で経済活動を続けていくためには、雇用についても一定範囲の柔軟な部分が必要になる。それを織り込んだ雇用管理をしていこうという方向である。

こうした雇用のあり方の変化を背景にして、今、新規学卒者への求人は減少を続けているのだし、また、アルバイト・パートの求人が増えているのである。

2 学校から職業への移行

「学校から職業への移行」とは、一日の大半の時間を学校で学ぶことに当てている状態から、職業人として自立した一人前の状態に変わることを指す。少し前まで、日本の若者の多くは「就職」によって、学校卒業直後の四月はじめに一斉にこの移行プロセスに入った。企業の新規学卒採用の慣行があればこその移行である。

この「新規学卒就職」で職業社会に移行できない若者が増え、未就職のまま無業でいる者やフリーターになる者が増えている。新規学卒就職せずに学校を離れていった者の数はどのくらい増えたのだろうか。学校卒業時点の進路は文部科学省の統計でわかるが、高校、大学と学校段階別であるし、卒業せずに中途退学の形で学校を離れていった者もいる。そこで全体としての変化をつかむために、いま中学卒業年毎の同年齢グループ（コーホート）に注目して、まず、その中でどのくらいの者が新規学卒就職しているかをみてみる。すなわち、ある年に中学を卒業した集団は、卒業段階で就職する者、進学する者、就職も進学もしない者に分かれる。そのうち進学した者の大半は三年後に高校を卒業する。卒業段階でやはり就職する者、進学する者、就職も進学もしない者に分かれる。あるいは、高校に入学したが卒業しない者、すなわち中途退学者もでてくる。さらに、短大や専門学校に進学した場合は二年後に、大学に進学した場合は四年後に卒業時点を迎え、そこで進路が分かれる。その各時点で新規学卒就職した者の数を順次加えていく。

各年の大学の卒業者数には浪人経験者など中学卒業年が早い者が含まれてしまうが、該当年の中学卒業者もほぼ同じくらいの数、その後の卒業に回っていると考えられるので、これは相殺されると考えられる。そこで、大卒者については中学卒業から七年後、短大・専門学校、高等専門学校は五年後の卒業生のうち卒業直後に就職した者を見ればいい。このほか各種学校の中の看護系は新規学卒で進学することが多いので、この卒業者についても卒業直後に就職した者を数えて新規学卒就職者に加えることにする。

こうして求めた各コーホートの新規学卒就職者数に大学院進学者数を加えて、これをもとの中学

図表7-1　新規学卒枠外就職者比率の推移

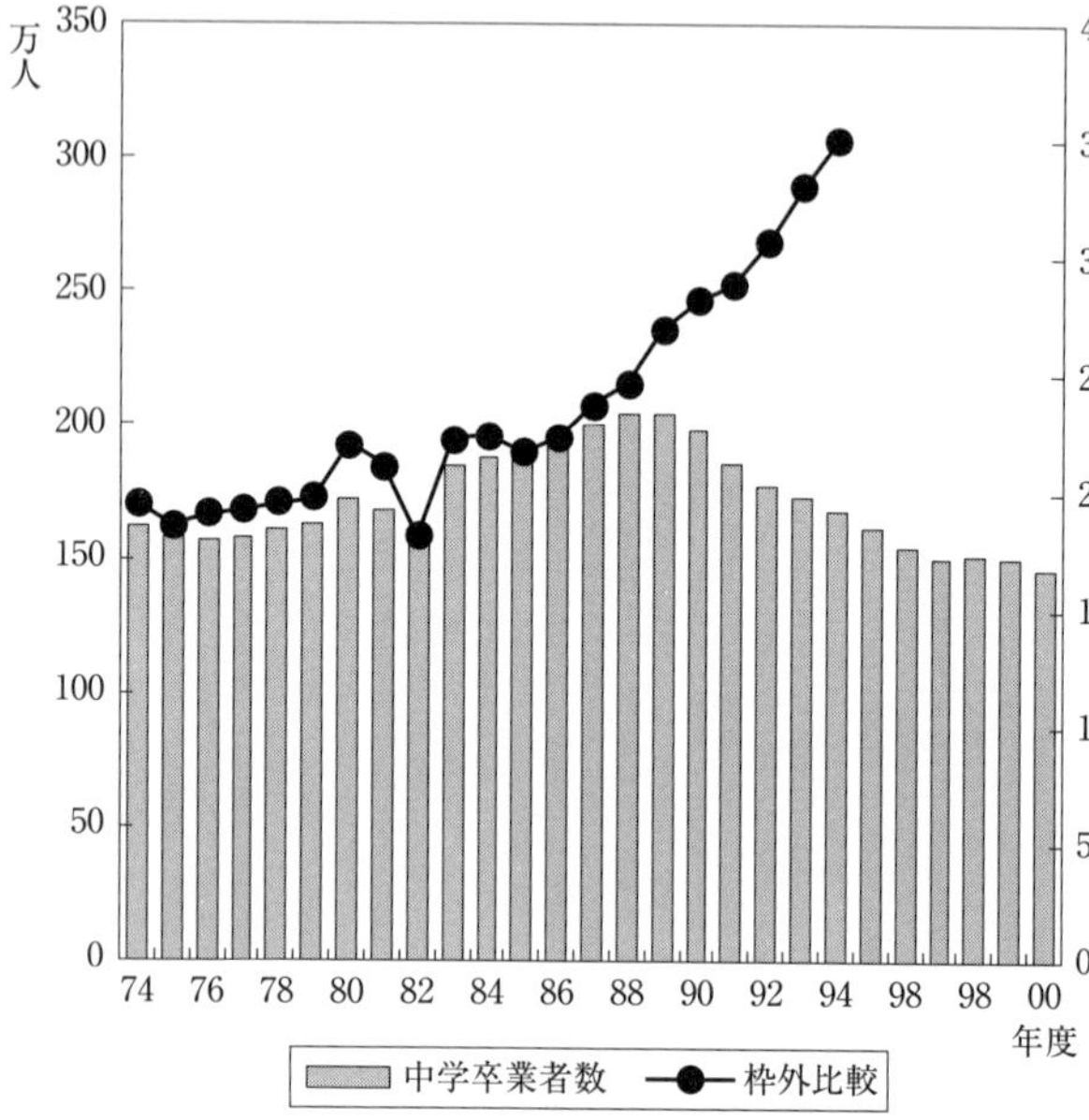

注：枠外者比率＝{中学卒者数－(同年中卒就職者数＋３年後高卒就職者＋５年後短大・高専・専門学校卒就職者数＋７年後大卒就職者数＋７年後大卒院進学者数＋２年後各種学校準看護・看護卒業者数}／中学卒業者数×100
資料出所：文部科学省「学校基本調査」

卒業者数から引く。これを新規学卒就職しなかった者、すなわち、「新規学卒就職枠外者」とする。図表７―１は、この新規学卒就職枠外者の中学卒業者数に占める比率の推移を中学卒業者数とともに示したものである。一九八八年度の中学卒業者までは、およそ中学卒業者数の変化と枠外比率の変化とは同様な動きを見せていた。すなわち同年齢集団が少なければ新規学卒就職はしやすくなるので、枠外者比率は小さくなり、多ければ就職しにくくなるので枠外比率は大きくなった。それがこのころを境に、卒業生数は減少をたどっているのに、枠外者比率は増え続けているのである。また、枠外者比率の水準も上昇した。それまでは二〇％前後にとどまっていたものが、このころから急上昇して九四年度中学卒業コーホートでは三五％にまで達している。同一年齢層の若者のうち、新卒で就職している者は三人に二人程度で、残る一人は学校を離れる時点で無業やフリーターとなっているということである。

八〇年代末の中学卒業コーホートを境に、新規学卒就職のかたちで職業への移行する者は大きく減ってきている。このころからわが国における移行のプロセスは変わったのではないか。事業所側では、新規学卒者の採用を重視する姿勢が揺らぎ、次第に非正社員や中途採用の比重が増してきた。こうした採用の変化と表裏をなして、移行のプロセスは変わってきたのである。

では、新規学卒就職の枠外での職業社会への移行はどのような経過をたどるのか。前の章では大学卒業者について、新規学卒就職の枠外者、すなわち卒業時に無業や非正社員であった者のその後を調査結果から見た。卒業後四年目には、男性の約三分の二、女性の約半数が正社員に変わっており、数年の時間を経れば一定範囲は安定的な雇用に至っていることがわかった。さらに、専門職としてのキャリアの連続のある移行とそれがない移行では意味が大きく違うことも指摘した。

最初の章で見たとおり、大卒フリーターは全体の一〇％前後にすぎない。より広範な若者の状況について見ていく必要がある。ここで使えるデータに東京都内で行なった若者調査がある(1)。大都市の若者は、地方に比べてフリーターになる比率はかなり高い。地方の若者と行動様式に違う面はあるが、枠外移行が急激に増えていく中で、その変化の最先端という捉え方もできる。東京の若者の行動から、枠外移行の実態と問題点を明らかにすることができるだろう。

3　学校から職業への移行の実態

調査は、東京都在住の一八〜二九歳若者を対象にしている。そのうち在学中の者を除いた対象者のうち、卒業（一部は中途退学）直後に正社員になった者はおよそ六五％を占める（図表7―2）。この数字は、図表7―1でみた全国レベルの数字ともほぼ一致する。(2)

図表7-2　離学時点の正社員比率

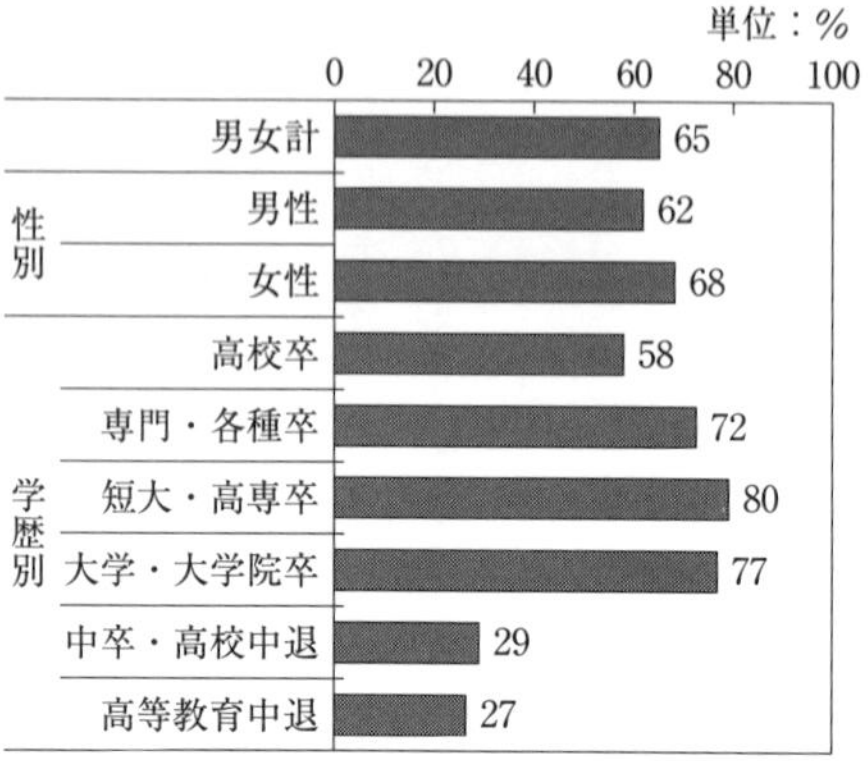

これを学歴別に見ると、中途退学の者では特に正社員比率は低い。卒業者では学歴が低いほど正社員になっていない。中途退学では新規学卒採用の対象にはならず、また、学校による就職斡旋サービスの対象でもない。こうしたことから中途退学者の正社員比率は特に低いと考えられる。また、この調査対象者は二〇〇一年時点で一八〜二九歳の人だから、学校卒業時期は八〇年代末から最近までの一〇年以上にわたっている。この結果を卒業時

図表7-3　離学直後の状況（正社員以外）

単位：%

	男女計	男性	女性
アルバイト・パート	57.3	54.7	60.4
派遣・契約社員	10.0	9.3	10.8
自営・家業従事	8.2	10.3	5.7
無業（求職、迷っていた、何もしていない）	18.3	19.1	17.4
その他（進学準備、結婚準備）・無回答	6.2	6.6	5.8

資料出所：日本労働研究機構『若者ワークスタイル調査』を再分析した

期別に見てみると、最近の卒業者ほど卒業直後に正社員になる比率は低くなっている。この点はこれまでほかの統計で見てきたとおりである。

では、就職して正社員にならなかった者は、離学（卒業および中退）時にはどういう状態だったのか。その内訳を見てみよう。図表7—3のとおり、アルバイト・パートでの就業が約六割を占める。契約社員・派遣社員が一割、家業従事や自営が一割弱と働いている者は多い。一方、「迷っていたり、仕事を探したりして無業」であった者も約二割に達している。決して少ない数ではない。性別の違いは少ないが、男性のほうが「自営・家業」が多い。また、ここには載せていないが、学歴別の違いがあり「自営・家業」が多いのは男性でも高卒者であり、短大・専門学校卒男性では契約社員や派遣社員が、大卒男性では無業が多い特徴がある。女性の場合は、学歴が低いほどアルバイト・パートが多く、高いほど契約社員や派遣社員が多い。

卒業後の時間の経過とともに、これらの卒業生たちの就業状況はどのように変化したのだろうか。この対象者のなかには、卒業直後の人もいれば一〇年以上の職業生活を経験している人もいる。先に見た大卒者の調査は同じ時期に大学を卒業した人を対象にしていたので、卒業後の経

図表7-4　離学直後「無業または非正社員雇用者」であった者の離学後の年数と就業形態

単位：%

現在の就業状況	男性 3年未満	男性 3〜6年未満	男性 6〜12年未満	女性 3年未満	女性 3〜6年未満	女性 6〜12年未満
正社員	35.7	66.2	77.3	28.5	43.8	35.6
アルバイト・パート	41.0	28.0	9.3	44.0	29.1	26.0
派遣・契約	10.7	4.0	6.6	13.6	8.8	1.7
自営・家業従事	2.9	0.0	5.9	0.0	7.1	8.3
失業	6.2	0.9	0.4	4.2	1.2	2.0
無業（仕事以外、何もしていない）	3.5	0.9	0.4	4.0	0.4	0.3
専業主婦	0.0	0.0	0.0	3.0	9.6	26.0
学生・その他	0.0	0.0	0.0	2.6	0.0	0.0

資料出所：図表7－2に同じ

過期間がどの対象者も一緒だったが、この調査では、調査時点に東京都内に住んでいた若者を対象にしているので、離学（卒業あるいは中退）後の経過期間はまちまちである。離学時に無業やフリーターになった場合のその後について検討するためには、離学からどの程度経過した時点であるかが重要である。そこで、ここでは、離学からの経過期間によってグループ分けする。すなわち、離学からの三年未満の者、三年以上六年未満の者、六年以上一二年未満の者に三つにわけて、調査時点にはどのような就業状況になっているのかをみてみよう。

図表7―4には、離学時点で無業あるいは非正社員雇用者であった者について、離学からの経過期間別に調査時点での就業状況を示した。男性の場合には、離学から三年未満の対象者では正社員比率は三六％であり、アルバイト・パートのほうが四一％とより多くを占める。三年以上六年未満の対象者になると、正社員が六六％、アルバイト・パートが二八％と逆転する。さらに、離学か

ら六年以上経ったグループでは、正社員はさらに多く、自営・家業も増え、アルバイト・パートは一割未満と小さな割合になる。アルバイト・パートから正社員への移行は、離学から六年目ぐらいまでの間に大幅に進むと考えられる。

女性では、こうした正社員への変化もあるが、離学から六年以上のグループではむしろ正社員が減少し専業主婦が増えるという変化がおきている。女性の場合は、一方的に無業や非正社員型の雇用から正社員に移行しているとはいえない。表には載せていないが、当初正社員であった者が、非正社員になる移動も女性では少なくない。二〇代後半にかけて結婚や出産を経験する者が多くなると、男女の就業行動は大きく異なってくる。就業形態の変化は性による役割分業と密接に絡んだ問題である。

4　無業・非正社員からのキャリア形成の問題点

男性の場合に限れば、離学後の年数とともに正社員に変わる者は増え、離学後六、七年もたてば無業やアルバイトだった若者たちの八割近くが正社員になっている。学校卒業時に正社員で就職しなくとも、六、七年もたてば正社員になっているなら、これまでより若干時間を多く費す新しい移行の形態であるいう見方もできる。

また、無業はともかくとして、非正社員は就労しているのであって、むしろ新しい形態の働き方として認知していくべきものでないかという見方もあろう。実際、若いアルバイト・パート労働者抜きには成立し得ない産業もある。あるいは、日本型雇用に縛られない自立した労働者という見方もできるし、ファッションとか音楽とか、ゲームとかマンガとか、新規学卒就職しなかった若者たちこそが、わが国から世界に発信する新しい文化を担っているという側面もある。すでに彼らは必要な労働力であるし、次の社会を開く新しい芽にもなっている、という見方である。

たしかに、そうした側面はあり、フリーターは直ちに問題だという見方は間違いであると思う。しかし、冷静に現実を捉えたとき、これまでの新規学卒就職に乗らないキャリアは、十分魅力的なのだろうか。これまでほとんど看過されてきた就職の枠外のキャリアであるだけに、その現実を正しく捉え、問題点を明らかにして、社会として対応していくべきものを見きわめる必要があろう。

学卒就職の枠外からのキャリア形成に問題はないのか。まず考えられるのは、職業能力の獲得の問題である。若年期の職業キャリア形成上の第一の課題は職業能力の獲得だといえるが、正社員とアルバイト・パートではどれだけその獲得程度が異なるのだろうか。

長期雇用を前提とした新規学卒正社員と一時的な雇用の意味が強い若年のアルバイト・パートでは、当然、企業側の能力開発投資は異なろう。アルバイト・パートの場合、正社員に比べて企業内での教育訓練の機会が少ないのはごく一般的なことだといえる。

また、職業能力は、実際の仕事経験を通じて獲得する部分が大きい。その仕事の差を測るのは難しいが、賃金によって、高い水準の職業能力を要する仕事か否かはある程度わかるのではないか。

図表7-5　単位時間あたり収入*の正社員とアルバイト・パートの比較（性・学歴年齢別）

	男性			女性		
	①正社員	②パート・アルバイト	②/①×100	①正社員	②パート・アルバイト	②/①×100
年齢・学歴計	6.78	4.31	64	6.36	3.99	63
高卒18-19歳	3.07	3.37	110	4.45	3.53	79
高卒20-24歳	5.82	4.37	75	5.52	4.20	76
高卒25-29歳	7.53	5.43	72	6.40	4.20	66
短大・専各卒24歳以下	4.78	3.61	76	5.71	3.90	68
短大・専各卒25-29歳	6.84	5.78	85	7.21	4.18	58
大学卒24歳以下	7.04	4.14	59	6.50	4.46	69
大学卒25-29歳	7.42	3.92	53	7.03	4.10	58

注：*単位時間当たり収入＝昨年の年収（万円）/最近１週間の労働時間
資料出所：日本労働研究機構『大都市の若者の就業行動と意識―広がるフリーター経験と共感』2001年

先の東京都内の若者調査から労働時間と所得について就業形態間の比較をして格差の有無を確認したい。図表７―５には、正社員の場合とアルバイト・パートの場合に分けて、単位時間収入（＝昨年の年収／最近一週間の労働時間）と正社員の単位時間収入を一〇〇とした時のアルバイト・パートの比率を載せた。アルバイト・パートの場合、男性で六四、女性で六三と正社員に比べて賃金水準が低いことが推測される。

さらに、性・年齢・学歴別の格差をみると、高学歴者ほど値が低く格差が大きい傾向があること、また、男性の短大・専各卒業者を除いて、年齢階層が高い者ほど格差が大きいことがわかる。すなわち、都内の若者が就いているアルバイト・パートの仕事は、年齢や学歴が高くなるほど正社員との格差の広がる仕事である。正社員のほうは学歴や年齢が高くなればなるほど賃金が高い仕事に就いているのに対して、アルバイト・パートは、学歴や年齢にかかわらずほぼ同質の仕事に就いていることが考えらる。こうした仕事であれば、長期勤続を通しての職業能力の蓄積は望めない。企業によってはアルバイト・パートについても仕事内容や経験によって時間単価を高めている場合もあるが、総体としてみれば、その上昇程度はわずかで、正社員の勤続にともなう上昇に比べると差があることが多い。仕事を通じての職業能力の獲得の上で、アルバイト・パートでの就業に正社員と格差があることは否めないだろう。若年期のフリーターは、職業能力獲得の上での一定のリスクを負うといえる。

5　キャリア探索期間としての意味

第二の問題は、無業やフリーター期間がキャリア探索のために有効であったかどうかである。キャリア探索とは、自分の今後の職業的方向性を探る活動、すなわち「やりたいこと探し・試し」といえる。フリーターになった理由を尋ねられると、多くの若者が「やりたいことがわからないから」という理由や、あるいは、「(就職するより) 他にやりたいことがあるから」という理由を挙げる。この「やりたいこと」への志向という理由は、本人にとっても周囲の者にとっても納得しやすい理由となっている。

実際調査結果でも、職業意識にかかわる質問のうち、正社員とフリーターの若者の間の差が大きかったのは、「若いうちは自分のやりたいことを優先させたい」や「やりたい仕事なら正社員でも

図表7-6　フリーター男女の望ましい働き方（現在・3年後）

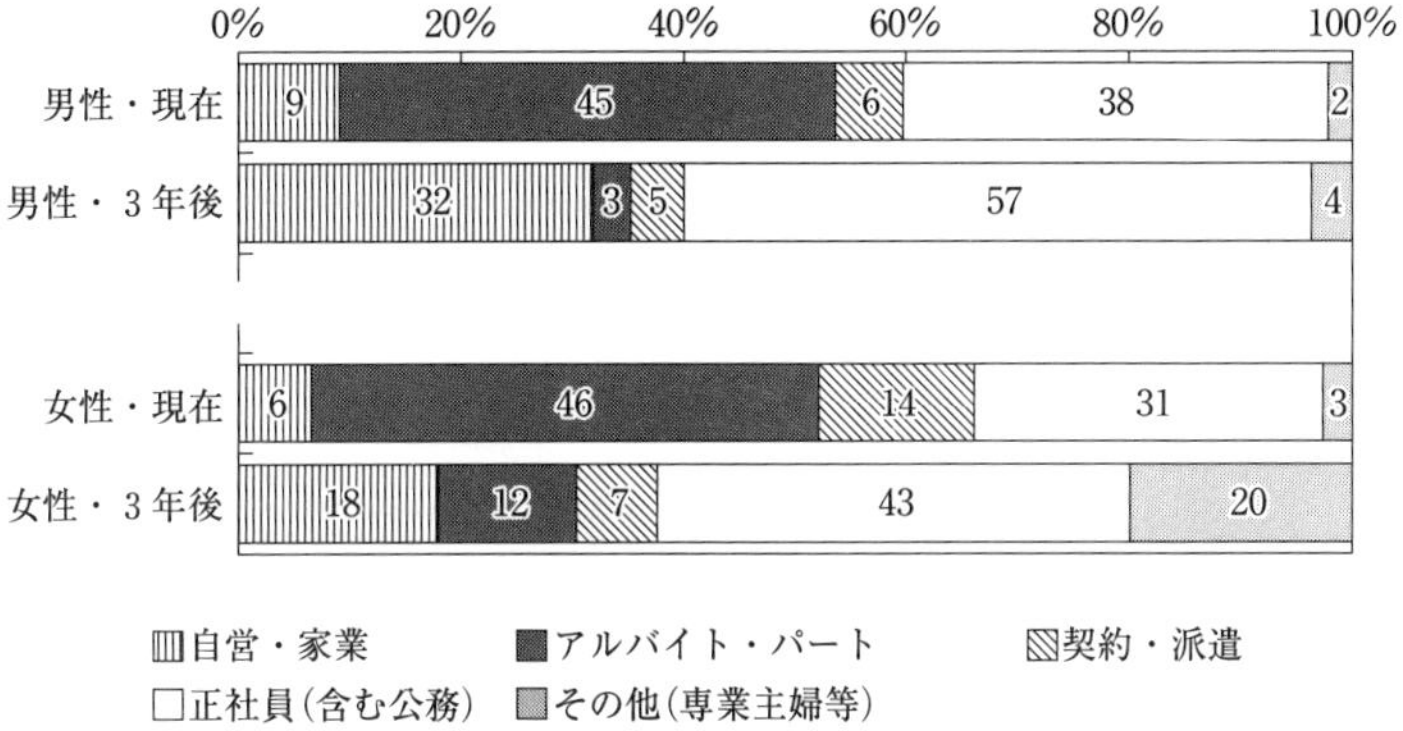

フリーターでもこだわらない」という項目への支持であった。フリーターになる背景に、こうした意識があることが指摘できる。

むろん、フリーターには、なりたくてなったのではないケースも多い。次の図表7―6は、フリーターの男女に、現在最も望ましいと思っている就業形態と三年後には実現したい就業形態を尋ねた結果である。男性にしろ女性にしろ、現在最も望ましいのは正社員や公務員である者が三〜四割を占める。彼らは、すぐにでも正社員になりたいのであり、自分の意思でフリーターを選んだというわけではない。しかし一方で、半数近くが「社会人アルバイト」や「パート」を最も望ましい形態だと考えている。ここで意識されているのが、キャリア探索である。

ただし、その探索は期限付きのものである。すなわち、この図表で三年後についてみると、分布はまったく異なり、アルバイト・パートを望んでいる者は男性で三％、女性で一二％（アルバイト五％・パート七％）とごく少なくなる。すなわち、今はアルバイトが望ましいが、三年後はそれを脱して正社員や自営業に就いていたいというのである。これは先のフリーターになった理由と大きな関係がある。「やりたいこと探し」や「やりたいこと」の実現のための活動は「若いうち」のものであり、「若いうち」だからフリーターなのである。実際フリーターとしての労働は、割に合わない不利なものが多い。しかし、〈やりたいこと〉のためには仕方ないという意識であり、また、そのための一時的なあり方だと考えられているのである。すなわち、キャリア探索期間として意識されている。

しかし、フリーター生活の中での経験を尋ねると、「就きたい仕事がハッキリした」等のキャリア探索に応える経験をしたとする者はわずか（一三％）である。さらに、フリーターをやめようとした者にそのきっかけを尋ねると、「やりたいことが見つかったから」という者は少なく（一九％）「正社員の方がトク」（五四％）や「年齢的に落ち着いた方がよい」（四一％）が多い。実態としては、フリーター経験がキャリア探索期間として有効だったとは言いがたいケースの方が多いといえる（堀、二〇〇一）。

6　正社員へ移行した後の新規学卒就職者との差

第三の問題は、正社員以外の就業形態から正社員になった場合と当初から正社員であった場合と

図表7-7　フリーター離脱後正社員と学卒定着正社員の差

単位：%

		離脱後正社員	学卒定着正社員
性別	男性	68.5	54.9
	女性	31.5	45.1
学歴	高校卒	45.3	22.1
	短大・専各卒	26.4	37.6
	大学・大学院卒	8.9	35.8
	中卒・高校中退	10.5	2.4
	高等教育中退	7.3	1.2
年齢	18-19歳	3.2	3.1
	20-24歳	29.2	37.6
	25-29歳	67.6	59.3
職業	専門・技術	13.9	23.6
	事務	20.3	34.3
	販売	20.1	18.6
	サービス	23.3	7.8
	生産・建設・軽作業	15.9	9.9
	運輸・通信・保安	6.6	3.9
企業規模	29人以下	43.7	24.1
	30～99人	19.9	15.6
	100～399人	15.4	14.4
	300～999人	3.3	15.2
	1,000人以上	10.8	26.0
	公務員	5.9	4.1
労働条件	週労働時間平均	49.4時間	47.8時間
	前年年収平均	297.9万円	323.5万円
現職評価＊	やりがいのある仕事だと思う	73.4	75.0
	目標となる上司や先輩がいる	48.9	55.8
	仕事は自分の性格や能力に合っている	74.9	67.0
	3年後も今の勤め先にいたい	48.9	53.9

注：＊「そう思う」＋「ややそう思う」の比率
　その他、無回答は省いた。
資料出所：図表７－2に同じ

の労働条件等の面での差異である。ここで就業の質の違いが観察されるなら、それは新しい移行の問題点となろう。

フリーターを一時的経験として終わらせている若者は少なくないのは先に見たとおりである。フリーター経験は離脱後もハンディになるのか。フリーター経験後に正社員になった場合と、離学当初から正社員で定着してきた場合の労働条件等にどの程度差があるのかを比べてみよう。

図表7―7は学卒で正社員定着した者（学卒定着正社員）とフリーター後に正社員になった者（フリーター離脱正社員）について、属性や勤務先の諸条件を比較したものである。学卒定着正社員に比べると、フリーター後正社員は、男性が多いこと、学歴が低い者が多く、年齢は若干高い層が多い。職業はサービス職が多く、勤務先は二九人以下の小規模企業が多い。また、平均年収は一割以上低く、労働時間は相対的に長い。

学歴や性別の属性差が大きいだけに、このままの比較では両者の差はよくわからない。そこで、試みに、約一割という年収格差がフリーターを経験したことと関係があるのかを重回帰分析という因果関係の有無を推定する解析手法を用いて分析してみた。具体的には、フリーター経験以外の性別や年齢や学歴など、年収に影響しそうな諸条件を順次投入して、モデルの説明力が高まるかどうかを検討した。その結果からは、フリーター経験の有無にも一定の説明力があることが確認された。すなわち、性別や学歴にかかわりなく、離学直後に就職しないでアルバイトに就くと、後で正社員になったとしても、年収の差につながる可能性があるといえる。

一方、図表7―7で、職場への主観的評価を見ると、「仕事のやりがい」についての評価は両者でほとんど変わらない。「目標となる上司」や勤続志向の面はどちらかというと学卒定着正社員のほうが高い評価をしているが、大きな違いではない。一方、「仕事が自分の性格や能力に合っている」という点ではフリーター後に正社員になった者の方が評価が高い。自分に合った仕事を見つける上で、フリーター経験が役に立ったことをうかがわせる結果である。ただし、フリーター時代の満足感を見ると、実は、男性では将来の不安感が強い傾向が顕著だった。この点を考えると、そうした状態から脱したことからくる満足感が評価を高めている可能性もある。意識は多様な要因から影響を受けるものであり、現在の仕事への満足感を比較するにしても、単純な比較では意識状況をきちんと汲むことはできないかもしれない。しかし、少なくともフリーターを離脱して正社員になっていれば、自分のこれまでにそこそこの満足を感じている人は少なくないのだと思う。

7　フリーターになりやすい層とフリーターから離脱しにくい層の存在

第四は、一定の条件の者がフリーターになりやすく、また、一定の条件の者はフリーターから離脱しにくいという、社会的な不平等の存在である。先に見たように、学校中途退学者では、最初にフリーターになる比率は非常に高い。また、家計の問題については、すでに高校生の調査から、大学等への進学費用の高さからフリーターを選ぶ層がいることを指摘したが、ここで引用している東

図表7-8　フリーターと生家の経済的豊かさ（%）

	フリーター	正社員
豊かである	7.8	10.2
やや豊かである	29.1	39.3
あまり豊かではない	33.8	26.6
豊かではない	15.5	12.1
わからない	13.5	11.7
計	100.0	100.0

注：自己評価による
資料出所：日本労働研究機構「若者ワークスタイル調査」2001年、新聞発表資料

京都内の若者の調査でも、フリーターと正社員では生家の豊かさへの認識に違いがあることが確認された（図表7―8）。すなわち、フリーターのほうが家計を豊かでないと思っているケースが多い。

低賃金のフリーターにとどまれるのは、親元で住居や食事の提供を受けているからではないかという指摘があたっている部分もあるだろうが、しかし、大学に進学した学生のほうがより多く親に依存しているといえる。少なくとも高卒学歴までのフリーターには、進学費用を賄いきれない家計が背景にある者が少なくない。豊かな親が許すから正社員にならないのだという批判があたっている層は、それほど多くないと思われる。

また、フリーターからの離脱については、男女の差が大きい。フリーター経験のある人に、フリーターをやめて正社員になろうとしたか、さらに、正社員になることに成功したかを尋ねた結果が図表7―9である。全体としては約六割の人が正社員になろうとし、さらにそのうち六割が正社員としての職を得ている。しかし、性別に見ると、女性では正社員になろうとした人

図表7-9　フリーターの正社員試み率と離脱成功率

	正社員試み率（%）	うち離脱成功率（%）
男性	73	75
女性	53	47
計	63	63

注：正社員試み率＝正社員になろうとした経験を持つ者の割合
離脱成功率＝正社員になろうとした者のうち実際に正社員になった者の割合
資料出所：図表7－4に同じ

も五割と少ないし、さらにそのうち正社員になれた人は半数にも達していない。女性は明らかにフリーターから離脱しにくい。一方、離脱の段階では学歴や生家の豊かさは、はっきりした影響を示さなかった。

フリーターになるときの学歴、家庭背景、そして、離脱にあたっての性別という要素は本人の意識や行動とは別の次元で、かれらをフリーターという低賃金労働者に導き、また、そこに押しとどめる要因となっている。こうした社会的背景を持つ存在としてフリーターを認識するとき、社会的な対応策を講ずることが当然必要となる。

さて、フリーターからの離脱の壁になるものとして、属性要因としての性別を指摘したが、このほかの要因を検討するために、多変量解析の手法を用いた分析を試みた。すなわち、フリーターからの離脱の成否を目的変数として、性、年齢、学歴、フリーター経験期間、正社員経験、フリーターへの共感度、フリーターでの経験職種、フリーター理由、フリーター経験の感想、フリーター離脱のための行動、フリーター離脱の動機、親の職業、親の学歴、生家の豊かさの各変数を順次説明変数として投入してロジステック回帰分析を試み、これらの変数の中で説明力の強いものを探った。結果として説明力が強かったのは、性別の他は、フリーター経験期間であり、次いで、フリーターでの経験職種、フリーター離脱動機、フリーター理由が影響した。離脱に成功した者はフリーターになって一年未満の早い時期の者に多く、経験職種は清掃や建設現場などを経験し、離脱動機が結婚、逆に「年齢的に落ち着いた方がいい」という理由では失敗者が多い。フリーター理由では「学費稼ぎなど生活のため」という者に離脱成功者が多い、という結果である。

フリーター期間の問題は、正社員としての応募に当たっての採用側の評価を表しているのだろう。厚生労働省の『雇用管理調査』によれば、企業は採用に当たってフリーター経験をマイナス評価することはあれ、プラス評価することはほとんどない。おそらく、一年未満の短いフリーター経験なら、一年浪人したとか、一年留年したという程度の経験として、採用側がマイナス視するにはあたらないということなのではないかと思われる。

これに次ぐ経験職種や離脱動機、フリーター理由は本人の意識の側面を示すものではないかと推測される。経験職種は、おそらく収入重視の行動の結果であり、また、結婚を理由に離脱するのは男性だが、これも収入を確保する必要の増大である。おそらくどうしてもこれまで以上に収入の確保が必要な状況が差し迫っているということではないか。学費の獲得や生活のためというのも収入重視の行動を促す。ここにあるのは、低賃金のフリーターでいられない状況であり、こういう状況を背後に抱えればフリーターから離脱する者が多くなるということである。すなわち、正社員需要の低下を背景にしながらも、本人の側が差し迫れば、フリーターではなく正社員へ変わる行動を起こしているということである。

意識の面では、さらに、フリーターをどう捉えるかというフリーター観について、フリーターでいつづける者と正社員に変わる者の間で違いが見られた。これは、男性と女性で異なる表れ方をする。すなわち、男性では、フリーターを継続している者にフリーターを肯定的に捉えている者が多く、正社員に変わった者ではより否定的な捉え方をしていて、当初から正社員である者とあまり変わらない。これに対して女性では正社員に変わった者もフリーターを続けている者も同様にフリーターをどちらかというと肯定的に見る傾向があり、当初から正社員である者とは異なる。フリーターから正社員への移動が多い男性の場合、むしろ積極的にフリーターを選ぶ層がアルバイト就業を続けている可能性があり、一方、女性では、正社員就職が男性より難しいことからフリーターに肯定的な意見の者が多く、フリーターへの意見によってアルバイト就業を続けるかどうかが分かれるわけではないということだろう。

また、前の章では高校生がフリーターを選ぶ理由として〈やりたいこと志向〉と〈自由・気楽志向〉の存在を指摘した。このうち特に〈自由・気楽志向〉は、第一の理由として語られることは少ないが、フリーターを選ぶ多くの高校生に共通する志向であること、社会的責任を回避する志向であり、いわば〈大人になることからの逃避〉とでもいえるものであることを指摘した。

こうした意識が、フリーターを増加させ、また、フリーターからの離脱の壁になっていることも確かである。本人の意識や行動次元にもフリーターをここまで増加させてきた要因がある。

しかし、若い彼らの意識はまた、直面する環境が生み出したものでもある。新規学卒採用が絞り込まれ、中途退学者をはじめとして、学歴が低く若い者が正社員市場から閉め出されている事態がある。あるいは、親の豊かさが高等教育への進学を左右し、進学を断念せざるを得ない者を生み出している。ほかの進路の可能性のなさがフリーターを積極的に選ぶ意識につながっているのではないか。あるいは、女性の多くが中高年期にはパートタイムで働いている事実が若い女性のフリーター親和的な意識形成に影響を与えていることを考える必要もある。若い時代とは、職業意識の形成期であり、それは現実認識に大きく規定される。

だからこそ自分でフリーターを選択し、また、フリーターであり続けている若者たちに対しても、社会的な視野から彼らのキャリア形成の支援策を講じる必要がある。

さらに、現在の段階で確認されたような、男性におけるフリーターから正社員への離脱が、今後も同様に起こるのかどうかは疑問である。最初の章で見たように、統計からはフリーターの年齢層が、次第に二〇歳代後半から三〇歳代へと広がっている状況が捉えられている。すなわち、二〇代後半になっても正社員に変わっていない者が多くなっているのである。正社員に変われる者が少なくなる、あるいはその時期が遅くなるといった傾向があるなら、今後、問題は大きくなる。

8　必要な対応策

学校から職業生活への移行、すなわち学校を離れて一人前の職業人になるプロセスが今、大きく変化し、新規学卒就職の枠外に展開されている。東京都の若者では、男性の場合、当初は新規学卒就職しなかった場合も後に正社員になる者が多く、二〇代後半では八割前後が正社員になっていた。これまでの新規学卒就職に比べて、時間はかかるが正社員には至っていた。

しかし、この新しい移行には問題がある。第一は、正社員になる前のアルバイト・パートの仕事内容が単位時間当たり収入から考えて、低技能度の労働である可能性が高く、この時期の職業能力開発が十分に行なわれてない可能性があることである。第二は、キャリア探索期間としても有効でないことが多い点である。アルバイト・パートなどの就業を選ぶ若者は、その期間をキャリア探索期と考える場合が多いが、実際にはこれに有効な経験はわずかで、多くが正社員との格差や年齢を理由にアルバイト就業をやめようとしている。第三は、新規学卒で就職しなかった者が後に得る正社員としての就業機会が、当初から正社員になった者に比べて、相対的に条件が悪いことである。第四には、フリーターになる背景に学歴が低く、家計の厳しい家庭状況が考えられること、フリーター後の正社員への移動には性別の壁があることなど、社会的な不平等の問題が潜んでいることである。フリーター選択やフリーターへの定着には本人の意識面の影響も大きいが、意識形成過程まで踏み込むと、社会的背景が大きいことが指摘できる。

現在、産業や職種による程度の差はあれ、技能度の低い労働は低賃金のアルバイト・パートの仕事として正社員の仕事から切り離されてきている。そうした仕事を入門職種として企業内で人を育てたのがこれまでの日本型雇用だといえるが、その雇用のあり方が変化している。では、今日、どこで人は育つのか。社会全体の問題として若者の職業への移行をどう支えるかを考えなければならない。

職業への移行の問題は、有能な職業人をどう確保するかという点で重要なだけでなく、今後の社会を担う次の世代をどう育てるかという意味でも重要である。これまでの新規学卒採用の慣行は、若者に社会の中での安定的で有意なポジションを与え、彼らを社会の一人前の構成員に育てる役割も果たしてきた。一方で、このシステムにうまく乗れなかった場合には、キャリア形成の道筋が見えず、やり直しも難しいという問題もあった。現在、新規学卒就職によらず職業社会に入っていく若者は、すでに同世代の三分の一を占めるに至っている。こうした枠外で移行する若者たちが職業的なキャリア形成がしやすい仕組みを今改めて構築していかなければならないのだと思う。若者の未来はこの社会の未来であり、職業への移行の問題は社会の構成員を育てうるかという、社会の継続の問題でもある。

それではどういう仕組みが必要なのか。第一に、学校在学中のキャリア探索と職業能力獲得を支援する仕組み、第二に新規学卒就職・採用の慣行の枠内で移行できる者を支援する仕組み、第三に枠外で移行する者のキャリア探索と職業能力獲得、就業機会の獲得を支援する仕組みであると思う。

学校進路指導ではこれまでも生徒のキャリア探索支援を課題としてきたものの、ほとんどの学生・生徒が新規学卒就職できる状況下では、実際には、あまり機能してこなかった。こうした中だからこそ、キャリア探索をフリーターになる理由とする生徒が出てきているといえる。また、会社主導の職業能力開発をとおして新規学卒者の育成を図ってきた産業界は、学校教育に対しては基礎基本の育成のみを期待する姿勢できた。それだけに、これといった職業能力も持たず、キャリアの方向性も自覚していない若者たちが生み出されてきたのだが、新規学卒就職システムに乗っている限りはそれは問題でなかった。それが、就職しない（できない）となると、大きな問題となってきているのである。

そこで、学校在学中に生徒それぞれがキャリアの方向性を考え、さまざまな試行もできるような支援、すなわち、相談や情報や体験の機会の提供が必要だろう。また、職業人として要請される技能・技術の養成についても、学校教育の役割がより重視される必要があるだろう。ただし、これには産業界との共同が欠かせない。見方を変えれば、これまで個別企業で担っていた若年期の職業能力形成を企業外化するということであり、産業界として必要な技能・技術について積極的に伝えていくとか、職場での現実的な体験機会を提供することはむしろ産業界の責任であると思う。また、この共同は、在学中に同時並行で行なわれるとともに、いったん学校を離れて、フリーターを含めた就業経験の後、再び能力開発機会を学校に求めるといった時間経過の中での行き来で行われることも必要である。職業的能力をどう育てるか、社会全体の問題として取り組む必要がある。

一方、新規学卒就職というのは、学校から職場への非常にスムーズな移行であり、この優位さには揺るがないものがある。高校での就職慣行の見直しなど、本人と企業とがより納得できるものにしていく必要はあるが、このシステムそのものは継続していくことが重要である。ただし、労働力需要の本格的回復は景気の要因が大きく、まだ時間がかかるかもしれない。新規学卒就職の枠外で、職業社会への第一歩を踏み出す若者はこれからも相当数いつづけると思われる。

こうした枠外での職業社会への移行については、まず、現在まったく見えていない職業人として自立できる道筋を明示的なものにしていく必要がある。職業能力獲得の機会や就業体験の場の整備、それぞれの若者に応じた職業情報の提供と相談等の支援策が考えられる。

職業能力獲得の機会は、まず学校や訓練機関の利用を支援する方策が考えられるが、機会はそれだけではない。労働行政ではトライアル雇用といった有期限の雇用機会を導入することで就業機会の拡大を図る政策を導入したが、これはまた、現実的な職業能力の獲得機会でもある。さらに、一般のアルバイト＝有期限雇用の機会も、職業能力の獲得機会として積極的に利用することも可能だろう。フリーターの問題点を指摘しながらアルバイトを積極評価するのは矛盾しているように聞こえるかもしれないが、要は事実としてその仕事で身についた職業的な力をきちんと評価すること、そしてそれを個人の将来につながるキャリアの視点から位置づけることである。確かに現状ではアルバイトは限定的な労働が多いが、その中で身についた力は正当に評価すべきである。たとえば正社員への応募にあたって、その仕事に必要な能力形成にかかわるアルバイトであれば、経歴として評価されるべきだと思う。

パートタイム雇用の均衡・均等待遇化の議論が進んでいることを考えると、今後は有期限雇用の機会にもより職業能力の獲得につながる仕事が増えること、あるいは、長期雇用の入り口となることも考えられる。

また、「就職」の枠から外れた活動、たとえば、ボランティア活動を通じての社会参加、NPOで就労することも能力開発上非常に有効だろう。人と協働すること、プロジェクトを達成すること等はそのまま働く能力につながるし、さらに、そこから得られる充実感や達成感、社会との意味ある関係は、実は社会の構成員としての役割そのものである。

そして、長期的には、あらためて、次世代の社会の構成員をどのように育てるのか、この社会を継承し発展させてくれる若者たちをどのように育成するのか、学校ばかりでなく、産業界も、行政も、あるいは、親たちも共同して新しい枠組みを作っていく段階だと思う。

補論　フリーター時代への対応

本書はフリーター増加の背景と問題を実証データにより分析することを目的としている。最近は、こうした時代にどう対応すべきなのか、個人レベル、政策レベルの問いかけを受けることが多くなった。補論として、こうした問いに対して様々な場面で考えてきたことを掲載して、現段階での答えとしたい。

〈一　雇用多様化時代の仕事選び〉は、就職活動をはじめる大学在学生向けの就職情報サイトに載せたものである。〈二　フリーターからの『はじめの一歩』〉はすでにフリーターとなった若者に宛てたものである。〈三　仕事の世界からのメッセージを〉は、学校進路指導担当者向けの雑誌に、〈四　常識でなくなった『就職』〉は青少年指導者の機関紙に載せたものに若干加筆した。〈五　高校生の就職難への対応〉は、『日本経済新聞』のリレー討論でのインタビュー記事である。

1　雇用多様化時代の仕事選び

(1) 進路選択の多様化が意味するもの

大卒就職の現状

「新規学卒者の就職状況が厳しい」ということがいわれるようになったのは最近のことではありません。一九九〇年代初頭のバブル経済崩壊以降、企業側の新卒採用活動は量から質へと大きな変化を遂げ、大卒者の採用を厳選するようになったのに対し、新規学卒者の絶対数は大学の新設と大学進学者の増加によって急激に増加しているため、供給過剰状態が続いているのです。

採用数の減少が大きいのは大企業で、九〇年代初めには大卒者の半数以上が一〇〇〇人規模以上の企業に就職していましたが、今では三割程度に減っています。企業が採用数を絞っているのは、不況のせいもありますが、変化の大きい時代に対応するために、正社員の数はできるだけ少なくしておこうという雇用戦略をとっているせいもあります。派遣社員や契約社員、あるいは、パート・アルバイトを多用し、業務の一部をアウトソーシングする企業が増えています。また、中途採用との間の垣根を取り払っている企業もあります。

一方、大学進学者（短大除く）は、九〇年には高校卒業者の一八%でしたが、二〇〇一年には三六%と二倍になっています。この間、高卒就職者は三五%から一八%と減っていて、大学進学と高卒就職がこの一〇年の間に逆転しました。進学者がこれだけ増えたのは、大学が入りやすくなったのに対して、高卒での就職は求人が大幅に減って非常に難しくなったからです。今や企業が採用する新卒者の学歴構成を見ると大卒者が一番多く、短大や専門学校まで含めると七割までが高学歴者になりました。高学歴者が少ない時代と今とでは、就職活動をする上で大学を出たことの意味が大きく違っているのです。これから就職活動を始めようとするみなさんは、まずそのことをよく理解しておく必要があります。

進路選択の多様化

もう一つおさえておかなければならないポイントは、こうした高学歴化にはモラトリアム期間の延長という意味合いが含まれているということです。中学から高校へ、高校から大学へという進路選択には、知識や能力を高めてキャリアアップを目指すという積極的な意味合いと同時に、とりあえず就職を先のばしするという意味合いが含まれていると思われます。現在、卒業を控えた大学生には四つの選択肢、つまり、「就職活動をする」「大学院へ進学する」「留学をする」「フリーターになる」という四つの選択肢があるといわれていますが、ここでも同じような先のばしの意識が強くなっているのではないでしょうか。みなさんが当事者として、それらの選択肢を前にしたとき、その選択は自分にとってどういう意味合いが強いのか、「就職をとりあえず先のばしにする」という消極的な意味合いしか持っていないのではないかを改めて問い直す必要があります。同じ選択でも、その意味合いによって将来は大きく変わってくるからです。

安易な進学、留学はマイナス要因にさえなりうる

たとえば、大学院に進学する場合、理系大学院はキャリアステップとして企業社会から認知されていますが、文系の多くの場合は、従来研究者の養成機関という意味合いが大きかったため、企業社会における認知度は著しく低いのが現状です。ですから、自らのキャリアアップのために積極的に大学院進学を選択するというのであれば問題はないのですが、とりあえず就職を先のばしにするための進学は、逆に進路を狭めてしまうことになりかねません。大学院進学とともに、留学を選択肢の一つとする人も増えていますが、就職活動にあっては、留学経験それ自体がプラス要因になるということはあり得ません。「海外で何を学ぼうとしたのか」「何を学んできたのか」ということが明確になっていなければ意味がないどころか、就職活動の距離的、時間的ハンディによって、マイナス要因になることさえあるのです。みなさんに考えてほしいのは、大学院にせよ留学にせよ「とりあえず」の選択というのは、プラスにならないことが多いということです。もし今、大学院への進学や留学を選択肢の一つとしている人がいたら、もう一度自分自身に問い直してみてください。「何のために進学（留学）するのか?」「そこで何を、何のために学びたいと思っているのか」その自らへの問いかけが自己分析へとつながり、進路選択の大きな力となるはずです。

(2) フリーターという生き方

非正社員の仕事

就職活動をせず、フリーターという生き方を選択する学生が増えています。ただし、その理由はさまざまです。たとえば、「今はまだやりたいことが分からない。だから、フリーターをしながらやりたいことを探す」という「就職活動の先のばし＝モラトリアム期間の延長」タイプもいれば、「自分には（音楽や演劇活動など）やりたいことがある。就職してしまったらそのための時間が足りないからフリーターになる」という「夢追求」タイプの人たちもいます。

さらに、「働くことは厭わないのだが、一つの企業、一つの職種に限定される働き方がイヤだ」とか「組織に縛られる働き方がイヤだ」などの理由からフリーターを選ぶ人がいます。また、なかには、就職活動をしたものの納得のいく結果が得られず、ではフリーターにと方向転換した人もいるでしょう。それぞれに切実な背景があり、十分考えたうえでの選択なのでしょう。

私は、その選択自体が間違っているとは思いませんが、その選択の裏側に潜んでいるリスクを十分勘案しての選択であるのかどうか、老婆心ながら気になります。どんなリスクがあるのかを考える前に、企業がなぜアルバイトやパートなどの形態で人を雇うのかを考えてみましょう。

「正社員」はフルタイムで働く雇用期限に定めがない労働者です。これに対して、労働時間が短いのがパートタイムで、有期限雇用の典型がアルバイトです。学校を出たばかりの若い人がアルバイトやパートで雇われる場合、どのような仕事に就くのでしょうか。大方は、経験や知識がなくともすぐに企業活動に貢献してもらえる仕事、つまり、技能度の低い仕事です。技能度の低い仕事は支払われる賃金も低くなります。

正社員と非正社員の収入を単位時間あたりに換算して比較してみると、大卒男性二五—二九歳で、正社員一〇〇に対して非正社員七一、大卒女性二五—二九歳でも正社員一〇〇に対して七〇でした。この格差は、年齢が高まるほど拡大しています。つまり、正社員は年齢（勤務年数）とともに収入が伸びているのに、非正社員はほとんど伸びないため、格差が広がっていくのです。賃金は、一面では、その人がどの程度の技能や職業能力を発揮しているかを示す指標でもあります。長期勤続を前提に企業内で職業能力をつけていく正社員と、同レベルの仕事に長くとどまる非正社員という構図が見えてきます。

フリーターという生き方に潜むリスク

フリーターを選ぶリスクは、第一に職業能力を獲得するうえでのマイナスです。若い時期は職業能力を身に付ける重要な時期です。この間に何を吸収するかはその後の人生を大きく左右します。

第二は、やりたいこと探しはフリーターの仕事を通じてはほとんどできないということです。フリーターの職場は、技能や知識のない若者でもすぐに貢献してもらえる仕事に限定されているわけで、いろいろな経験ができる場ではないのです。実際、多くのフリーター経験者たちは、「フリーターは損だから」とか「年齢的に落ち着いたほうがいい」という理由で正社員に方向転換しているのであって、「やりたいことが見つかったから」という人はごく少数です。

第三のリスクは、正社員になろうとしたときにフリーター経験が評価されにくい点です。フリーターでいろいろな仕事を経験したことは、正社員に応募したときにはなかなかプラス評価されません。かえって「根気がなくてすぐ辞める人ではないか」とマイナスに評価する企業のほうが多いのが現実です。また、フリーター経験が一年未満の人のほうが正社員に変わりやすく二年以上になると採用されにくくなるというデータもあります。こうした現実を知らないままフリーターを選んでほしくない、というのが私の意見です。

確かに、正社員で就職するばかりが人生の道ではありません。一方で、自分で事業を起こす「起業家」にチャレンジする若者を応援しようという機運は高まっていますし、あるいは、ファッション、音楽、ゲーム、マンガなど、新しい日本の文化を世界に発信しているのは、多くの正社員にならなかった若者たちです。「夢を追う」若者のエネルギーなしには、この国の次のステージはないのではないかと思います。

しかし、「フリーターになる」という選択とエネルギーの塊ともいえる次の扉を開こうとする行動は同じものなのでしょうか。その間には実は深い谷があると思います。それを飛び越える力をあなたはもっていますか。

最も危惧しているのは、「やりたいこと」がわからないからフリーターになり、ただ、いたずらに時を過ごしてしまうケースです。先にあげたリスクをすべて引き受けることになってしまいます。やりたいことは考えているだけではわかるものではなく、積極的に体験の場を求め、多くの大人から情報収集して、形が見えてくるものだと思います。わからないからフリーターと決める前にやれることがあるのではないですか。それでも、フリーターになるのなら、リスクを勘案しながらしたたかにフリーターを生き抜いて、次の扉を押し開けることを期待しています。

(3) 雇用形態の変化

選択肢が増えてきた働き方

前回はフリーターについてお話ししましたが、正社員以外の働き方には、フリーターだけでなく、派遣社員や契約社員といった雇用形態がありますし、あるいは、フリーランスや在宅就労など雇用ではなく、業務委託を受けて仕事をする形もあります。これまで、フルタイムで契約期限に定めのない雇用である正社員は安定的な働き方、それ以外は不安定な働き方だと考えられ、よく正社員を「正規雇用者」、それ以外の働き方を「非正規雇用」とか「非正規労働」と言ってきました。正規―非正規という考え方には、正規は安定していて労働条件もよい働き方で、非正規は労働条件の劣る、悪い働き方といったニュアンスがこめられていました。これに対して、最近ではこうした「良し悪し」のニュアンスのない「典型―非典型」という言い方がよくされるようになっています。これは、正社員以外の就業者が非常に増え、かつ、その就労実態は多様で、正社員と比較して「劣る」とか

「不安定だ」といえない状態が出てきているからです。働く側から見れば、いろいろな働き方が選べるようになったといえます。

多様な働き方とフリーター

「フリーター」という言葉で、この非典型就業全体（＋失業者）を指す考え方もあります。ですが、私は「フリーター」は非典型労働の中の一部分だと思っており、この二つの言葉は区別して使っています。というのは、アルバイトで働いている場合はほとんどの若者が自分を「フリーター」だと思っているのですが、契約社員や派遣社員ですと、自分を「フリーター」だと思う人は二割程度にすぎません。フリーランスや自営／家業の場合は、自分を「フリーター」だと思う人はほとんどいません。契約、派遣、フリーランスという働き方は、やはり「フリーター」とは違うと思っている人が多いのです。意識の上でも「フリーター」の場合は、今の自分を過渡期の仮の姿として認識しているといえます。これから何かになるための、一時的な状態として「フリーター」であるだけで、数年のうちにはそこから違う働き方、生き方に変わるつもりの人がほとんどです。フリーター以外の非典型就労には、むしろその仕事の内容自体に関心や意欲が向けられていることが多く、過渡期の仮の状態としてのフリーターとは違う側面が多いでしょう。

専門職での契約・派遣の働き方

一つの例は、自己の能力を生かすためにあえて長期雇用にこだわらないという生き方を選択する人たちです。たとえば、ＩＴ系の技術者の場合は、三〇代や四〇代の派遣社員や契約社員が大勢います。

彼らがあえて長期雇用にこだわらず、派遣社員や契約社員といった雇用形態を選択する理由の一つは、日本型の管理職への昇進システムに乗りたくないからだといわれています。若いうちは現場の仕事を覚え、年齢とともに管理職へと移行していくというパターンが、専門職志向の強い人たちからはむしろ敬遠され、派遣社員や契約社員でエキスパートとしての仕事を続けたいと考える人がでてきています。そういう志向の人たちが専門職集団として、企業のアウトソーシングの受け皿となる事業を始めるケースもでています。ある意味で企業と対等に渡り合えるだけの職業人となるためには、それだけの職業的な力が必要です。そこで大事なのは自分の中にどれだけの職業的専門能力を蓄積していくかです。学校卒業段階でそれだけの職業能力を持っている人は少ないでしょうが、これからの職業生活の中で獲得していくことはできます。私は正社員という期限に定めのない雇用形態が雇用の基本だと思っていますが、一方で、企業そのものの存続が不安定になった社会では、自分の中に失うことのない職業的な力を蓄えていくことが最も安全性の高い選択になるかもしれません。

ミスマッチ回避と派遣社員という選択

最近では、新規学卒者で派遣社員になる人が増えています。現在の派遣業では、一定期間を派遣社員として働いた者を、改めて正社員として企業に紹介するという「紹介予定派遣」という制度が認められています。この制度を利用すれば、企業で実際に働いてみたうえで、お互いが納得して長期雇用に移ることが可能になるわけですから、企業・労働者双方にとってミスマッチを回避できるメリットがあります。有効な選択肢の一つでしょう。また、一般の派遣社員になるにしても、大事なのは職業的な力をどうつけていくかという戦略です。正社員就職以上に個人として能力開発の設計が必要です。特に、女性で派遣労働を選択する人が増えていますが、今後の出産・育児で仕事をやめるからいいというのでなく、多くの先輩がまた働いているという事実を踏まえて、能力蓄積を戦略的に進めていく必要があります。家庭生活と両立を図るうえでも、専門能力を生かした派遣社員は十分魅力的な選択肢になりうると思います。

(4) 仕事選びにあたってすべきこと

仕事選びは広くとらえて

仕事選びは、社会とどうかかわって生きていくかを選ぶことだと思います。強固な身分制度や世襲のしきたりがある社会なら、仕事は選べません。生き方の選択肢、働き方の選択肢、職業の選択肢が多様にある現代は、基本的に良い社会だと思います。

しかし、選べるだけに「選ばなければならない」ことは大変なプレッシャーです。どう就職活動に取り組んだらいいかと、とまどううちに卒業時期が来てしまったA君は「企業に偏差値があれば決められるのに」と真顔でつぶやいていました。選ぶことは確かに難しいことです。

仕事選びの基本は、職業の世界を知り自分を知り、自分と仕事を関係つけることといえます。A君はその関係づけを偏差値で測れると思ったのでしょう。大学選びと仕事選びの違いは、仕事には偏差値のような単純な物差しがないということです。そのために多くの学生が、自分の物差しを探し、とまどっているのでしょう。その物差しは、第一にそれぞれの価値観であり、また、職業適性といったものでしょう。それを確認する作業が自分を知ること、すなわち「自己分析」になります。

自己分析のために職業適性検査とかテストを使ってみる人も多いでしょう。ただし、その結果がすべてではありません。こうした検査類は、同じ検査を実施した多数の人の中で、自分は相対的にどういう傾向があるかをつかむもので、それで職業が決まるわけではありません。あくまで自分をつかむためのヒントにとどまるものだと思います。そうしたヒントは、検査類ばかりでなく、これまでの自分を良く知っている人、たとえばご家族とか友人とかとの目から見た自分を知ることからも得られます。

生きた情報を収集しよう

人と話すことは、そこから自分が見えてくると同時に、また、職業の世界について知識を得ることにつながります。さらに、その仕事を面白いと思うことは、また、面白いと思っている自分に気付くことです。職業を知ることは同時に自分を知ることでもあるわけです。

何から始めたらいいかわからない人は、人がどんな仕事に就き、どのような職業生活を送っているのかを眺めてみることから始めるのもよいのではないでしょうか。自分でやってみることができればもっといいですね。自分の中の価値観がクリアに意識されるし、将来の自分の像が具体的にイメージできます。ですから、インターンシップの機会があるなら積極的に利用したほうがいいし、アルバイトを選ぶのに将来に向けての情報収集を意識してみるのもいいと思います。実際の仕事場に入っていくことで、いろいろなことが目に入ります。

就職活動に入ってから、会社訪問でいろいろな企業・職場に行って、初めて自分のやりたいことが何か見えてきたという先輩もたくさんいます。現実の職業場面に触れることはさまざまな情報を与えてくれます。

くれぐれも気をつけてほしいのは、インターネットという情報ツールに頼り過ぎないことです。最近はインターネットでの情報収集でその企業や職業について分かった気になり、OB・OG訪問をしない学生が増えています。確かにインターネットは大変便利なツールであり、瞬時にして大量の情報を入手できますが、やはり生の情報とは見える範囲が違います。先方が用意して発信していする情報と自分の目や耳で拾い上げてくるものはやはり違います。インターネットは情報収集の入り口に過ぎません。インターネットの情報で収集が終わった気になることはとても危険だと思います。

「自分から動くこと」の重要性

大学生の就職は、個人による自由応募が基本です。大学での専門領域が職業領域に密着している理科系学部では就職も大学や研究室経由で決まることがよくありましたが、最近では減少傾向にあり、理科系でも自由応募が増えています。

自由応募は個人が動かなければ始まりません。自分から情報を求め、企業に接触していく必要があります。受身でも過ごせる学生生活とは違い、自分から動くことが不可欠です。

自分から動いて情報収集し何らかの決定をしていくことは、実は訓練が必要なことではないかと思っています。自分で責任を持って行動しなければならない場面を、人任せで乗りきっていると、実は自分の人生の大事なところでなかなか方向が決められなかったりするのではないでしょうか。サークル活動でもボランティア活動でも、関心を持ったことには自分から参加していってみませんか。自分の可能性を広げるためには、自分から動くことが不可欠だと思います。

2　フリーターからの「はじめの一歩」

(1)「職業能力」をどこで身につけるか

フリーターになった理由としてよく挙げられるのは、「やりたいことがわからないから、とりあえず」とか「いろいろなことを経験したいから」。若者たちにとって、仕事についても「やりたいことをやる」というのが重要な価値なのだが、自分の「やりたいこと」がまだわからない。だからアルバイトでいろいろなことを経験して、自分にあった、熱中できる、やっていて楽しい、そして、自分が認められる仕事をみつけたい、ということだろう。そういう自己実現ができる仕事なら、身分は正社員でもアルバイトでもかまわない。では、現実に、アルバイトで彼らはどんな仕事を経験しているのか。コンビニやスーパーでの販売関係の仕事、あるいはウエイター・ウエイトレスといった接客サービス、ピザ配達や宅配便の仕分けなど配達関連の仕事など。「いろいろ」したいといっても、アルバイトを募集している仕事しか、アルバイトでは就けない。つまりそのほとんどは、低賃金でかつ技能度は高くない仕事である。企業がアルバイトを充てるのは、特別な訓練なしに、あるいはごく短期の訓練で就ける仕事なのだから、技能度が低い仕事の集中するのは当然だ。

とすると、心配なのはどこで一人前の「職業能力」を身につけるかである。職業能力の獲得の仕方としては、大きく分けて、ＯＪＴ（On the Job Training）とＯｆｆ‐ＪＴ（Off the Job Training）

がある。ＯＪＴは、実際の仕事経験を通して職業能力を身につけることで、最も基本的な方法。これに対して、Ｏｆｆ‐ＪＴは、職場を離れて、別の教室などでする勉強だ。これまで日本の企業は、社員の能力開発に熱心だと言われてきたが、それは特にＯＪＴについて。つまり、社員の配置にあたって、どんなことのできる人がどこの部署で要るから配属するというだけでなくて、そろそろこの社員にはこういうこともできるようになってほしいからという理由で配属を考える。教育的な発想が配置転換にある。こうした配慮は、その社員がこの先何年もその企業にいる前提でなければ成り立たない。短期で辞める前提のアルバイターに対してそうした教育的配慮をすることは普通ない。もちろんＯｆｆ‐ＪＴの研修にしても、会社が費用をかけるのは長期に勤続することが前提の社員である。短期のアルバイトの研修は、やるとしてもすぐ必要な技能に限定した最低限のものになるのは、会社側の立場で考えれば当たり前だろう。

正社員とフリーターの違いの一つは、職場での職業能力開発の機会の多寡であろう。会社側から教育機会を用意してくれる立場と、そうでない立場。だからこそ、今のフリーターたちは、どこでどう職業能力を身につけていくか、自分で考えていかなければならない。若い時代は貴重だ。何らかの技術・知識を習得するのは若い時代の方が早いことは間違いないだろう。その時代に何を身につけたらいいのか、自分でそれを設計していかなければならない。

（2）その「夢」はファッション？

フリーターという状態は、多くの若者にとって何かへの「途中」である。その何かが分からないから「やりたいこと」を探してフリーターをしている若者がいる一方、その何かが「就職」で入る会社での仕事ではないからフリーターをしている若者がいる。その中で、最も多いのが、バンドやダンスなどの芸能関係の仕事をめざしている者であろう。

芸能関係の学校でレッスンを受けて「夢」をめざしている人、高校時代からの仲間とバンドを組んでCDを作ろうとしている人、街角に立ち歌いつづける人。音楽にしろ文学にしろ美術にしろ、芸術・芸能を志す人が、一方で生活の糧を得るためにアルバイトをするのは目新しいことではない。芸術・芸能で食べていけるまでには時間がかかるのが普通だし、その間の生きていくためには、親や家族等のパトロン的存在がいるか、他の仕事で食いつなぐかしなければならない。

「やりたいこと」があって、それに向かってがんばる若者は存在感がある。多くのフリーターと話して、よく出てくるのが「やりたいこと」という言葉だった。「やりたいこと」があるフリーターは、「かっこいい、いいフリーター」であり、「やりたいこと」がなくてフリーターをしているのは、「かっこわるい、悪いフリーター」である。こうした価値観はかなり共有されていたと思う。

そこで、「やりたいこと」＝「夢」があることは大変重要なことであり、それがない若者は何とかそれを見つけたいと焦る。そこで、時に「夢」は作られてしまう。自分の心の状況を安定的なものにするために。「夢」があると語る若者のうち、ある者の毎日の生活はその実現に向けて完全燃焼していたが、ある者は毎日の生活にはその夢へのアプローチがまったく見られなかった。「夢」を持っているということが価値だから、身にまとっているのであって、実現に向けて歩き出してはいない。いうなればその「夢」はファッションである。形のよい、流行のモノで、まとっていれば安心感がある。でも、身体にまで内実化されたものではない。

定職に就かず「夢」を追う生き方は、今に始まったことでない。今の違いは、そういう若者が非常に多くなったことだろう。社会が豊かになって、かつてならよほど豊かな家計が背景になければ「夢」を追うことは許されなかったものが、現在では、ごく一般的な家計でも「好きなことをやらせたい」という親が多くなった。立身出世的価値観が後退し、職業に自己実現を求める考え方が広まった。さらに、消費文化を若者が牽引して、芸能界のスターは若者代表になり、若者たちの身近な存在になった。こうして「夢」を語る土壌は出来あがったが、でもその夢を紡ぐ糸はどこから引き出すのだろう。引き出し口が見えない中で、若者たちは霞の布を紡ぎかけているのではないか。

(3) 職業的自立の危機と大人社会との交信

仕事を通じて社会の中に自分の場所を築き、経済的に、また社会的に一人前となることが職業的自立である。フリーターというあり方は、経済的自立はかなり危うく、また、社会的にはむしろ大人として社会を構成する一員となること拒んだ状態だといえよう。「正社員」という形で社会の一員になることは、自分の中の可能性をあきらめて、つまらない人生を選ぶことにつながるという感覚すらある。

ただし、もちろんフリーターの一部は正社員になりたいのになれなかったという若者たちである。産業界は新規学卒者の厳選採用を続け、アルバイト・パートなどの非正規雇用の方を拡大しているのである。正社員としての就職を望みながら、果たせずアルバイトを続ける若者は決して少なくない。私は、むしろ就職の難しさ（先輩たちのように簡単に就職できない、大企業とか事務職とか、条件がよさそうな就職先がない）が背景にあって、それなら、「やりたいこと」をやろうという気持ちが強まっているという関係があると思う。若者の就業への意識は、社会のあり方に規定される部分が大きいと思っている。

それはさておき、「やりたいこと」を軸に自分の方向を設定し、社会の中に自分の場所を築いていく力があれば、若い時期にアルバイトで就業していることの問題はないと思う。問題は、「やりたいこと」がわからないこと、それがファッション化してしまい将来の自分への道筋になっていないこと。

これまでのわが国の学校では、こうした力を養う教育は十分行なわれてこなかった。むしろ、これまでの学校から職業への移行プロセスを前提にすれば、特に必要はなかったと言っていい。最初から正社員の形で移行していれば、社会の中の自分の居場所は設定されているし、むしろその役割を受け入れることで大人になれた。フリーターを経て大人になることは難しい。

では、フリーターから大人へ、職業的自立へ向けての「はじめの一歩」はどう踏み出したらいいのだろう。私は、大人の職業社会の事実についての理解を広げることが大事だと思う。「やりたいこと」は何だろうと自分の中を見つめることも必要だが、それ以上に、どこでどんなふうに大人たちが働き、それぞれの居場所をつくり、関係性を持って生きているのかを見ることの方が最初だと思う。アルバイトでできることは、限られた仕事だが、そこで接触する大人たちからいろいろな情報が手に入る。好奇心を持って大人たちの生き方を観察してみよう。サラリーマンがつまらないって本当か、正社員と言っても業界によってずいぶん違う。こんな仕事もあるのかと思ったら、どんどん関係業界の人に接触してみよう。インターネットで調べる手もある。

また、アルバイトで入った仕事も、実は奥が深かったりする。ウエイター・ウエイトレスの仕事でも、高い技能を要求されるプロフェッショナルの領域がある。きちんとした手順が要求される場面、特別の提供の仕方をする料理もあれば、相手の状況を的確に判断して異なる対応をしなければならないこともある。このプロの領域に達している人は、自分をフリーターだとは絶対に言わない。大人の職業人とたくさん出会い、よく見て、そして話をしよう。

3　仕事の世界からのメッセージを

(1) 職業観の希薄化

都内の企業対象に行なわれた調査（日経連・東京経営者協会二〇〇一「高校新卒者の採用に関するアンケート」）で、各企業に応募した高校生に対しての評価を尋ねている項目があった。そこで最も企業から不満であると指摘されたのは、「勤労観・職業観」（「不満」および「やや不満」で四六％）で、次が「コミュニケーション能力」（同三四％）「基本的な生活態度、言葉づかい、マナー」（同三四％）であった。また、「高校生の就職における高校側の関与・就職慣行のあり方」についての質問に対しては、「生徒が職業観・就業意識をしっかりと身に付けられるような進路指導・職業教育にもっと力を入れるべき」という意見に賛同する企業が六割と多かった。

このアンケートに限らず、企業側からは若者の勤労観・職業観が希薄になっているとよく指摘されるが、そこで心配されているのは若者のどんな側面なのだろうか。私は、仕事への姿勢が定まらず、仕事に向かう意欲が見えないことへの危惧なのではないかと思っている。「即戦力重視」ということも採用ではよく言われるが、高校生の採用に本当に翌日から働ける「即戦力」を求めている企業はほとんどないだろう。高校生にこの言葉を使うとすれば、短期の訓練で一応の仕事を任せられるようになってほしいという期待である。そこで重要なのが本人の意欲だろう。毎日の課題に関心を持ち、新しい技術や技能を吸収していこうという素直な気持ちではないだろうか。「職業観、勤労観」という言葉で表されている採用側の期待はそういうことではないか。

(2) 高校生の志向

日本労働研究機構で首都圏の卒業直前の高校三年生を対象にした調査を行なったが（日本労働研究機構二〇〇〇『進路決定をめぐる高校生の意識と行動――高卒「フリーター」増加の実態と背景』）、その回答では、卒業後にフリーターになることを予定している生徒が一二％ほどいた。彼らがフリーターになる最大の理由をあげてもらうと、「他にやりたいことがある」（二三％）が第一位で、次いで「自分に向いた仕事がわからない」「いい就職先がない」「進学費用が高い」などがあがった。これに対して、いくつでも該当する理由を選ぶ形の質問への回答をみると、最も多くの者があげているのが「とりあえず収入がほしい」「正社員より時間の自由がある」でそれぞれ四割を超える生徒が選んでいる。さらに、これら質問への回答傾向から、同じ種類の意識をはかっていると思われる選択肢をまとめると（主成分分析）、これらの二つは同じグループに入り、さらに、「正社員より人間関係が気楽だ」「正社員より気軽に仕事が変われる」も同じグループに入った。結局、ここに潜んでいる意識は、「自由で気楽で気軽に収入を得たい」からフリーターという気持ちだといえよう。

フリーターになる最大の理由と聞いたときには、やりたいことがあるなど、本人たちがよく主張する、また、それなりの正当性が感じられる理由があげられるが、多項目選択で尋ねたときには、その背後にあるもうひとつの意識が表れてくる。すなわちそれが、自由・気楽・気軽である。

この意識が先に事業所側が求めた「職業観」の対極にあるものではないかと思っている。責任のある立場には立ちたくない、まだ何者にもなりたくない、大人社会の中に自分のポジションを据えるようなことはしたくないといった意識状況ではないだろうか。

フリーターになろうとする生徒にこの意識は典型的に表れていると思うが、それは同時に多くの高校生が共通して持っている一面だろう。さらに、それは昨今急に現れた意識でなく、社会の豊かさとともに次第に広がってきたものであり、今、就職環境が大きく変わったから、より鮮明に見えてきた意識だろうと思われる。

(3) 学校の役割

産業界が期待する若者たちの前向きな意欲、若者たちの中にただよう大人社会の一員になることへの躊躇や拒否、この間の深い亀裂を埋めるべく、若者たちに働きかけるのが学校に期待されている「勤労観・職業観」の育成という課題だろう。

そのための実践として何が重要か。生徒を指導する立場に立ったことのない私から説得力のある提言はできないが、ひとつ気にかかっているのは、私たちの社会が、特にこの一〇年、働くことにかかわってネガティブなメッセージばかり発信してきたことだ。不況、産業界の暗い見通し、リストラ、職業的な倫理観の崩壊。

私たちは子どもたちに、大人になり、仕事をもって、社会を支える側に回ることについて、希望や期待、憧れを持てるようなメッセージを伝えていない。

これまで、仕事の関係でたくさんの職業人に会い、お話をうかがう機会があった。ほとんどの人が自分の仕事の魅力を語ってくれる。やりとげた達成感や、心が伝わった充実感。仲間の信頼、責任の心地よさ。私たちは、これをもっと次の世代に伝えていかなければならない。この社会、捨てたものではないと。

4 常識でなくなった「就職」

(1)「就職」の常識

在学中に就職活動をして内定をもらい、卒業と同時に就職する。進学しないなら、「就職」すなわち卒業と同時に長期的な雇用を前提としたフルタイムの雇用者になるのが、ごく「常識的な」青年期のあり方だと多くの人が思ってきた。

実際はどうか。今、新規学卒就職以外の形で学校を離れていった若者が同世代のどれほどに達しているのかを文部科学省の統計から推計してみる。図(第七章の図表7―1に同じ、一二八頁)に示したのがその結果だが、ここでは中学卒業年ごとの同年齢グループ(棒グラフ)に注目して、そのグループごとに中学から、高校、短大、大学と各学校段階卒業時に就職していった者を除き、残った者（新規学卒就職枠外者）がその同年齢グループの何％ぐらいを占めているかを見ている（折れ線グラフ）。この枠外者比率は、一九八五年中学卒業グループまではおよそ二〇％前後、その後急激な上昇に転じ、九四年中学卒業者グループでは約三五％に達している。

ここから第一に、新規学卒就職していない若者は、これまででも二〇％と決して少ない数ではなかったこと、にもかかわらず、これを無視したかたちで「常識」が作られてきたこと、第二に、最近の一〇年の枠外者比率の上昇が大きいこと、特に、これまでは若者の数が減少すれば枠外者比率も低下する傾向が見られたものが、八九年卒業者以降は若者の数が大きく減っているにもかかわらず、枠外者比率は上昇しつづけていることが指摘できる。

こうした事態になって、今はじめて若者への失業対策や就業支援、キャリア形成支援が社会的な関心を集めるようになった。

（2）「就職」のメリット・デメリット

失業を経験することなく、期限に定めのない長期的な雇用機会を得ることができる仕組みは基本的には若者にとって望ましい社会システムであると思う。安定的な雇用のもとなら、仕事に長期的な視野が持て、着実に仕事の力を身につけていける。企業側の能力開発投資も期待できる。また、安定した人間関係が築け、職業人としての自分を確立しやすい。収入上昇の見通しが持て、経済的自立が図れ、将来の生活設計ができる。一方、デメリットは、大量の若者を一斉に就職させるシステムであることからくる。一斉就職は非常に効率的だが、個の意思形成が時に軽視・無視されたり、納得なしに進んだりする。その結果、安定的な就業機会であるにもかかわらず、早期離職者が大量に生まれている。

就職のメリットの裏返しが就職しないデメリットである。第一に、職業能力の蓄積ができない。フリーターとして働いたとしても、能力獲得につながらない一時的な仕事の繰り返しが多く、若年期という能力獲得の好機を生かせない。第二に、社会の中に自分の居場所を確保できない。そこからくる意識上の問題は、不安の増大ばかりでなくアイデンティティの危機にもつながる。第三に、経済的自立ができず、将来の展望も持てない。フリーターで働いたとしても低賃金だし、賃金上昇の可能性も小さい。さらに、保険・保障の枠組みから抜け落ちることも少なくない。では、就職のデメリットはフリーターでは解消されているのか。これも難しい。フリーターには、個々の〈やりたいこと〉の追求や実現を志向する者が多いが、アル・バイトの経験からそれに接近している者は実は少ない。

(3) 必要なキャリア形成支援の連携

今、手をつけられるべき対策は、これまで新規学卒就職しなかった若者たちに降りかかってきたこうしたデメリットを緩和・解消する対策であり、メリットになりうる部分の補強である。まず、学校や職業訓練機関を利用したり、最近できた「トライアル雇用」のように実際の就業経験との組み合わせの中で、職業能力を獲得する機会を開くこと、また、現実的な職業情報を得られる機会や相談できる環境の整備も必要であろう。産業界が、必要な職業能力や求める人材像をきちんと伝えるメッセージを発することも大切だ。その水準に達した者に長期的雇用の機会を開くことは、企業にとっても効率的な人事管理につながろう。

さらに大切なのは、在学中からのキャリア形成支援である。これまで在学中に提供されてきたのは、新規学卒就職・定着を前提とした就職斡旋サービスがほとんどである。その前提に立たない支援が必要になっている。就業体験をはじめとした職業社会との接触や職業情報の提供を通じたキャリア探索支援、相談を通じての自己理解の促進や意思の決定の支援があらためて重要である。若者が一人前の職業人・社会の構成員になってくことを支えるような、学校、産業界、行政、地域社会、家庭の連携が必要なのだと思う。

5　高校生の就職難への対応

——高校生の求人が減った背景は何でしょうか

景気動向と、構造的要因の二つがあります。景気は別にして構造的問題を考えてみます。

旧日経連の調査によると、企業が高校生の採用をしない理由は、第一に大卒や専門学校卒など高学歴者への代替、第二にパートやアルバイトなど非正規雇用への代替、第三が合理化による機械への代替でした。しかも、これまで高卒者を採用していた工場などの生産現場は、厳しい国際競争にさらされ、企業の海外進出も進んでいます。経済社会構造の変化から高校生の就職先は大幅に減っています。

さらに企業は、職業観の希薄化、意欲・やる気のなさ、生活レベルでの常識欠如など、高校生の深刻な質の低下を指摘しています。

――全国高等学校進路指導協議会の萩原信一会長は、インターンシップの重要性を指摘していました

インターンシップは重要です。企業社会を体験することで、やるべきことをやらないと誰かに迷惑をかけるとか、お客を減らしてしまうとか自分の役割が大事だと実感できる。生産活動をしている人たちの仕事に対する情熱や愛情に触れ、職業観や価値観を理解すると、学校の勉強と職業の関連性も見えてきて、意欲も生まれます。しかし、実のある体験学習が難しいのも実情です。

企業は、少し前は学校に対し「生徒は白紙のまま出してほしい、後は企業内で身につけさせる」と言っていましたが、今では「質が下がった。職業的自覚ぐらいは持たせてくれ」と言いはじめました。

高学歴化が進み在学期間が長くなる中で、子どもたちの育ちに時間がかかるようになりました。今の子どもたちは、消費だけは一人前ですが、社会的な自立は遅い。高校生が育つプロセスに、大人になることの自覚を促すプログラムが必要ですが、これは学校だけでは手に負えません。高校生

の質が落ちたというなら、せめて就業体験の場の提供くらいの協力はお願いしたい。若い人の教育は、企業や社会も一緒にやるということを、理解してほしい。そうでないと、求めるような労働力も育ちません。

——高校生の質の低下は、学力面でも表れていると言われます

測れるレベルの学力が落ちているのは間違いないでしょう。でもそれ以上に問題なのは、大人になる意欲や自覚の欠如です。豊かな社会で育った子どもたちは、用意されたレールの上に乗っていて、昔なら普通に身についた力が身につかない。文部科学省が打ち出している「生きる力」は方向性は間違っていないと思います。

——就職できない高卒者の中にはフリーターになる人も少なくありません

大都市では、フリーターをたくさん出す高校が増えました。先生たちも仕方ないという意識です。厳しい情勢の中でなんとかうまく就職させている地域や学校では、先生の意識が高く、いろいろと生徒に働きかけをしている。でも、大都市で若者を見ている先生たちは、「これ以上手をかけても仕方ない」「何も無理して就職しなくてもいいんじゃないか」と、あきらめてしまっている気がします。

結局、子どもたちは、就職も進学もしないで卒業してしまう。これは、現状では大きなマイナス

です。将来に対して、何らかの方向性を見つけられるならば、試行錯誤もよいでしょうが、現実には、フリーター期間が長くなると正社員になるのは難しい。

学歴別に失業率やパート、アルバイトの比率を見ると、高学歴者の方が低い。大卒無業者も増えていますが、フリーターの中の大卒者は一〇%程度で圧倒的に高卒が多い。高卒でフリーターになった人は、ずっとフリーターということが多いのです。ここに、高校生の就職難が抱える問題の根深さがあります。フリーター支援が必要です。

――高校教育も転機に来ている気がします

一九九二年は一六七万人あった求人数が、二〇〇一年度は二四万人、約七分の一に減りました。でも、逆に言えば、今でもこれだけの数、高校生が必要だという声があるわけですから、今ある求人水準をしっかり維持するための努力が、高校には必要です。

高校教育そのものの改革も進めるべきでしょう。グローバル社会で日本が生きていくには、情報やサービスなど、より質の高い知識集約的なものが求められる。でも一方で、高い技能レベルも必要です。体験中心の教育で育つ生徒もいれば、それで培われる技能への需要もある。

普通高校が増え、専門高校が減る傾向がずっと続いてきました。高等教育に進まず、早く職業人になろうという若者向けの教育は重要です。労働力需要との結びつきを考慮した多様な選択肢をつくり一人一人違う学びを保証すべきです。

ただ、いつでも、一五歳や一八歳の時の選択をやり直せる道が必要です。これがなければ単なるラベリングになってしまう。本人の適性や意欲に応じて選べるとともに別の道に途中で変われる制度です。でも、二年生の終わりでコースを変えた生徒が、自動的に春から三年生という必要はない。やり直しが必要な教科等はやり直す。全員が三年間で卒業でなくてもよいのです。年齢に対する一律主義を排し、この高校で、これだけの力をつけたから進級または卒業だという、質の管理が重要です。学校が結果に対する責任を負うことでもあります。

これまで学校は、どの学科が人気があるとか、こうすれば生徒が集まるといった発想で、生徒の需要に対応してきました。でも、社会や産業界がどんな人材を求めているかということには、鈍感だったのではないでしょうか。カリキュラムの多様化をいうなら、産業界や地域の声ももっと反映させるべきです。学校評議員制度も始まったのですから、地域や産業界の人にもっと学校に入ってもらい、その要望を伝えてもらう。同時に、こんな子どもたちが育っているのだという、学校の実態も理解してもらうことです。

――若者の就職難は先進国共通の悩みです

日本が若い人の失業問題を経験してこなかったのは、新規学卒を採用の基本とする雇用慣行のおかげです。それには一人前の職業人に育てるプロセスも組み込まれていました。しかし、新卒採用を絞りつづけて、仕事に就けない、就けても一時的な仕事だという若者をたくさん生み出してしまった。一方で若者には大人になりたくない意識が広がっている。若者を一人前にしていく社会的な仕組み自体が揺らいでいるのです。

若者の就職問題は、この社会を継承し発展する次の世代を育てられるかどうかという大きな問題につながっています。彼らが社会を支える側に育たないと、社会そのものの活力を失いかねない。若い人の未来は社会の未来です。これは、社会の継続性の問題でもあるのです。

注

第一章

（1）リクルート『若者しごとデータマガジン』（一九八七）では、〈フリーアルバイター＝学校を卒業した後も自分の生活を楽しむために定職に就かず、アルバイト生活を送る若者たち〉、また、同『フリーアルバイター白書』（一九八八）では、〈フリーアルバイター＝学校を卒業後、定職を持たずにアルバイトをしている若者のうち「現在正社員になることを希望しない」者〉。

（2）二〇〇〇年『労働白書』では「年齢は一五～三四歳と限定し、①現在就業している者については勤め先における呼称が「アルバイト」または「パート」である雇用者で、男性については継続就業年数が一～五年未満の者、女性については未婚で仕事を主にしている者とし、②現在無業の者については家事も通学もしておらず「アルバイト・パート」の仕事を希望する者」と定義している。

（3）日本職業協会『アルバイターの雇用管理等に関する調査研究報告書』（一九九一）、リクルートフロムエー『首都圏若者アルバイト実態調査』（二〇〇〇）など。

（4）日本労働研究機構「若者ワークスタイル調査」では、最近一週間の就業状況別に、フリーター自認率を調べているが、アルバイト就業者の九三％がフリーターを自認していたのに対し、契約社員・嘱託では二〇％、派遣社員では二三％がフリーターであると自認しているにすぎなかった。

（5）文部科学省「学校基本調査」では、一九九八年までは「無業者」としていたが、一九九九年以降は、「進学者」、「就職者」（大学については、さらに「臨床研修医」、「一時的な仕事に就いた者」）を掲載した後、「左記以外の者」として、高卒については、「家事手伝いをしている者、外国の大学等に入学した者、または、大学等進学者、専修学校（専門課程）進学者、専修学校（一般課程）等入学者、公共職業能力開発施設等入学者、及び就職者に該当しない者で、進路が未定であることが

学者」でもないことが明らかな者」と但書きをつけて掲載している。

第二章

（1）㈱リクルートワークス研究所「大卒求人倍率調査」による。二〇〇二年三月卒業予定者調査の場合、全国の従業員数五人以上の民間企業五，九四八社を対象に採用予定者数を調査し（集計は三，五一七社）、これを総務省「事業所統計」をもとにウエイトバックして求人総数を推計している。また、求人倍率は（求人総数／民間企業就職希望者数）で出しているが、民間企業就職希望者は文部科学省「学校基本調査」を基に過去五年の実績から就職率等算出して推計しているものである。

（2）高校卒業予定者への就職斡旋においては、新聞広告等による文書募集は卒業年の二月までは禁止されており、実質的には学校経由での就職経路しかなかった。二〇〇〇年には、文書募集は一〇月一日以降開始することになっている。

（3）「高校生の進路決定に関する調査」および「高校進路指導調査」。生徒調査は、各高校に調査票を一括送付し、ロングホームルーム等の場で生徒に配布、記入してもらい各自封入した上で、高校単位で一括返送してもらった。配布数は七，九三〇票。

（4）日本経営者団体連盟・東京経営者協会（二〇〇〇）『高校新卒者の採用に関するアンケート』。東京経営者協会会員一六五六社を対象にしたアンケート調査。二〇〇〇年一月～二月に実施し、回収は五五〇社。

第四章

（1）日本労働研究機構「高等教育と職業に関する日欧比較調査・日本調査」。調査は、全国の四年制国公私立大学（一部大学院）四五校・一〇六学部の一九九五年卒業者一一，九四五名を対象に、一九九八年一二月～一九九九年二月に郵送アンケート法により行なわれた。有効回収票は三，四二一票で、転居先不明三五七票および無効票一八一票を除いた有効回収率は、三〇・〇％であった。

なお、ヨーロッパ調査はドイツ・カッセル大学　ウルリッヒ・タイヒラー（Ulrich Teichler）教授をプロジェクトコーディネーターとする研究者チームにより、ECの先端的社会経済研究（Tergeted Socio-Economic Research）として実施されており、オーストリア、チェコ、フィンランド、フランス、ドイツ、イタリア、ノルウェー、スペイン、スウェーデン、オランダ、イギリスの一一ヵ国で実施され、合計約三万票を回収している。調査時期及び調査対象者は日本調査とほぼ同一である。また、日本調査は日本労働研究機構が設けた「大卒者の職業への移行国際比較研究会（主査　吉本圭一九州大学助教授）」がこれを実施した。

第五章

（1）「若者ワークスタイル調査」。東京都内の一八～二九歳男女を母集団に、訪問配布留め置き法により二〇〇一年二月に実施。一〇〇地点抽出の後、地域内現地抽出法により、各地点でフリーター一〇標本、非フリーター一〇標本を抽出し、合計フリーター一〇〇〇標本、非フリーター一〇〇〇標本を抽出。分析にあたっては、総務庁「就業構造基本調査」（一九九七）および「国勢調査」（一九九五）により、都内の性・年齢別、フリーター・非フリーターを算定し、これを母集団としてウエイトバックを行なっている。

（2） もっとも「若者ワークスタイル調査」の対象は図表7―1のコーホートでいうなら、八七年中学卒業コーホートから九八年コーホートに対応する年齢層を対象としているので、この平均値と比較するなら、「若者ワークスタイル調査」対象者の方が新規学卒就職者比率は低い。全国平均の増加の趨勢を考えれば、他地域より一歩先んじているととらえていいだろう。

第六章

（1） OECD 2000 *From Initial Education to Working Life-Making Transitions Work* では、低賃金のパートタイム労働や有期限雇用と失業、非就業をくり返す若者を「新たな移行の危機にある者」であると指摘している。

（2） 欧米の若年失業の議論での焦点は高校中退者をはじめ学歴が低い者にあり、高等教育卒業者は注目されていない。

第七章

（1） 「若者ワークスタイル調査」。前出。

引用文献・参考文献

上西充子　二〇〇一「フリーターからの離脱」日本労働研究機構『大都市の若者の就業行動と意識―広がるフリーター経験と共感―』調査研究報告書一四六号、一〇二―一三〇頁
大久保幸夫編　二〇〇二『新卒無業』東洋経済新報社
学研編　二〇〇一『フリーター　なぜ?どうする?フリーター二〇〇万人時代がやってきた』学習研究社
株式会社リクルートワークス研究所　二〇〇一『大卒求人倍率調査』
玄田有史　二〇〇一『仕事の中のあいまいな不安―揺れる若者の現在』中央公論新社
厚生労働省　二〇〇一『雇用管理調査』
厚生労働省職業安定局　各年『新学卒者の労働市場』
厚生労働省職業安定局　各年『新規学卒者の就職内定等について』
厚生労働省職業安定局　各年『大学等卒業予定者内定状況等調査』
高校生の就職問題に関する検討会議　二〇〇一「高校生の就職問題に関する検討会議報告」文部省
小杉礼子　二〇〇一a「増加する若年非正規雇用者の実態とその問題点」『日本労働研究雑誌』第四九〇号、四四―五七頁
小杉礼子　二〇〇一b「若者の就業行動の変化と進路指導―フリーターを選ぶ高校生の職業意識を

中心に」雇用問題研究会編『職業研究』三四—三八頁
小杉礼子編　二〇〇二　『自由の代償／フリーター—現代若者の就業意識と行動』日本労働研究機構
自由時間デザイン協会　二〇〇二　『次世代型ライフ&ワークスタイルに関する調査研究報告書』
総務省　各年　『労働力調査』
総務省　各年　『労働力調査特別調査報告』
総務庁　一九九七　『就業構造基本調査』
『日経連タイムス』「主張」二〇〇〇年二月一四日号
日本経営者連盟　一九九五　『新時代の日本的経営』
日本経営者連盟・東京経営者協会　二〇〇〇、二〇〇一　『高校新卒者の採用に関するアンケート』
日本労働研究機構〈小杉礼子、下村英雄、西澤弘、本田由紀、中島史明〉一九九八　『新規高卒労働市場の変化と職業への移行の支援』調査研究報告書一一四号
日本労働研究機構〈小杉礼子、上西充子、本田由紀、中島史明、下村英雄、堀有喜衣、吉田修〉二〇〇〇ａ　『フリーターの意識と実態—九七人へのヒアリング調査より』調査研究報告書一三六号
日本労働研究機構〈本田由紀、小杉礼子、耳塚寛明、上西充子、下村英雄、中島史明、吉田修〉（二〇〇〇ｂ）『進路決定をめぐる高校生の意識と実態—高卒「フリーター」増加の実態と背景』調査研究報告書一三八号
日本労働研究機構〈吉本圭一、小杉礼子、小方直幸、秋永雄一、本田由紀、米澤彰純〉二〇〇一ａ『日欧の大学と職業—高等教育と職業に関する一二カ国比較調査結果』調査研究報告書一四

三号
日本労働研究機構〈小杉礼子、堀有喜衣、上西充子、中島史明、耳塚寛明、本田由紀〉（二〇〇一b）『大都市の若者の就業行動と意識―広がるフリーター経験と共感―』調査研究報告書一四六号
日本労働研究機構〈小杉礼子、堀有喜衣〉 二〇〇二 『若者の就業行動に関するデータブック―就業構造基本調査再分析より』
フリーター研究会編 二〇〇一 『フリーターがわかる本』 数研出版
堀有喜衣 二〇〇一 「フリーター析出の背景とフリーター経験に対する評価」日本労働研究機構『大都市の若者の就業行動と意識―広がるフリーター経験と共感―』調査研究報告書一四六号、七八―一〇一頁
堀有喜衣 二〇〇二 「『フリーター』ではなぜマズイのか」『JILアットワーク』一〇巻、一八―二一頁
宮本みち子 二〇〇二 『若者が《社会的弱者》に転落する』 洋泉社
村上龍編 二〇〇一 『若年労働者の危機―未来のあるフリーター 未来のないフリーター』 JMM、一三
文部科学省 各年 『学校基本調査』
連合総合生活開発研究所 二〇〇〇 『若年労働者の雇用意識・行動の変化と労使の取り組みに関する調査研究報告書』
労働省 一九九一 『労働白書』
労働省 二〇〇〇 『労働白書』

おわりに

本書で用いた調査の多くは、日本労働研究機構の「若者就業行動研究会」で手がけてきたものである。研究会のメンバーで二〇〇二年一二月に『自由の代償／フリーター――現代若者の就業意識と行動』を日本労働研究機構から刊行した。本書は、さらに踏み込んで個人的に考えてきたことを整理したものである。

研究会での議論。調査を企画して調査票を作り、回収して調査票の記入をチェックし、自由回答を読む。さらに結果の集計、分析、それぞれに検討した結果をまた持ちよっての議論。こうした一連の調査研究の共同作業から、本書につながる若者たちの現在への認識を深めた。この研究会に参加していなければ、本書をまとめることもなかったと思う。「若者就業行動研究会」のメンバーの方々に感謝する。なかでも、調査の実施ととりまとめに積極的な役割を果たされた本田由紀、上西充子の両研究員（当時）、研究会の要役をされた高梨昌前会長に、あらためてお礼申し上げる。

あわせて本書では「高等教育と職業に関する日欧比較調査」の結果も多く引用した。この調査は、同じ日本労働研究機構の「大卒者の職業への移行研究会」という別のメンバーからなる研究チームで行なってきたものである。この研究チームでの調査研究の成果も本書には欠かせないものである。さらに、この調査研究は、ヨーロッパの一一ヵ国の研究者からなるCHEERSとの共同研究である。ヨーロッパ側の研究者から、わが国の大卒者を相対的にみる視点を教えていただいた。日欧のこの比較研究のメンバーの方々にも、心から感謝を申し上げたい。

さらに、若者の問題へのアプローチは、これらの研究会に始まったものではない。一九八五年から九六年まで続いた高校生の追跡調査、九二年に五万人余りを対象に行なった大学卒業者の初期キャリア調査といった、日本労働研究機構で手がけてきた多くの若年者の実態調査がある。一連の調査研究から学んできたことが、すべてのベースにある。これらの調査研究を共同実施してきた吉本圭一氏には、多くの触発を受けた。この場を借りてお礼を申し上げる。

勁草書房の町田民世子さんから本としてまとめるよう声をかけていただいたのは、もう二年も前のことになってしまった。本にまとめるのは、報告書のとりまとめや雑誌への寄稿とは別の仕事なのだと気づいたのは、それから数ヵ月も後のことだった。以来、何度も挫折しかかった私をまた引き出して、なんとかここまで導いていただいた。心から感謝している。

二〇〇三年一月

小杉　礼子

高等教育と職業に関する12カ国比較調査結果』調査研究報告書No.143 2001年
経済教室——職業への移行、再設計を　日本経済新聞　2002年5月21日朝刊

第7章　「学校から職業への移行」の変化
若者のワークスタイルと就労意識　『労働時報』厚生労働省 2002年1月号
学校と職業社会の接続　『教育社会学研究』第70集 2002年5月号

補論　フリーター時代への対応
雇用多様化時代の仕事選び　日経就職ナビ
http://job.nikkei.co.jp/contents/oneself/find_my_job/index.html
フリーターからの「はじめの一歩」　学研編『フリーター　なぜ？どうする？フリーター200万人時代がやってきた』2001年　学習研究社
仕事の世界からのメッセージを　『進路指導』2002年10月　日本進路指導協会
常識でなくなった「就職」　原題　青少年の就業問題をどう見るか　『情報交差点　ゆうゆう』2002年冬号　神奈川県青少年総合研修センター
高校生の就職難への対応　原題　社会の活力維持 困難に（リレー討論）　日本経済新聞　2002年10月20日朝刊

初出について

本書の考察は、2000年～2002年にかけて日本労働研究機構の各報告書や教育、労働関係の諸誌に寄稿したものを基に大幅に加筆し、発展させたものである。最初に発表したものを示し、掲載の機会を与えていただいたことに感謝したい。補論は原則として初出のまま収録した。

第２章　就職できない

就職とフリーター――なぜ未内定・フリーターになるのか　日本労働研究機構『進路決定をめぐる高校生の意識と行動――高卒「フリーター」増加の実態と背景』調査研究報告書No.138　2000年

若者はなぜフリーターになるのか　『筑紫哲也の現代日本学原論――日本人にとって「働く」とはなにか』岩波書店　2001年

若者の雇用問題－変化した「学校から職業への移行」への対応　『生活経済政策』生活経済政策研究所 2001年11月

第３章　就職しない

高校生の選択―フリーターの理由　『教育と情報』No.514　2001年1月

若者の就業行動の変化と進路指導――フリーターを選ぶ高校生の職業意識を中心に　『職業研究』2001年3月　雇用問題研究会

第４章　大卒フリーターと正社員への移行

日本大卒者の移行特性をめぐる検討　日本労働研究機構『日欧の大学と職業――高等教育と職業に関する12カ国比較調査結果』調査研究報告書No.143　2001年

無業・フリーターの増加とキャリア教育　『大学と学生』2001年5月号　文部科学省高等教育局学生課

第５章　フリーターの仕事と職業能力

フリーターのキャリア形成・職業能力形成　日本労働研究機構『フリーターの意識と実態――97人へのヒアリング調査より』調査研究報告書No.136　2000年

第６章　諸外国のフリーター

日本大卒者の移行特性をめぐる検討　日本労働研究機構『日欧の大学と職業―

著者略歴

1952年　神奈川県に生まれる
1975年　東京大学文学部卒業
現　在　独立行政法人 労働政策研究・研修機構副総括研究員
主　著　『自由の代償／フリーター—現代若者の就業意識と行動』
　（編著）日本労働研究機構、2002年
主論文　「学校と職業社会の接続」『教育社会学研究』第70集
　2002年５月
　「増加する若年非正規雇用の実態とその問題点」『日本労働研究雑誌』2001年５月号

フリーターという生き方

2003年３月15日　第１版第１刷発行
2006年３月20日　第１版第８刷発行

著　者　小《こ》　杉《すぎ》　礼《れい》　子《こ》

発行者　井　村　寿　人

発行所　株式会社　勁《けい》　草《そう》　書　房

112-0005　東京都文京区水道2-1-1　振替　00150-2-175253
（編集）電話　03-3815-5277／FAX 03-3814-6968
（営業）電話　03-3814-6861／FAX 03-3814-6854
本文組版 プログレス・平文社・鈴木製本

ISBN4-326-65276-4　Printed in Japan

＊落丁本・乱丁本はお取替いたします。
http://www.keisoshobo.co.jp